Doing Hope

공감과 연대의 사회를 위하여

Doing Hope
공감과 연대의 사회를 위하여

1판 1쇄 찍음 2021년 11월 8일
1판 1쇄 펴냄 2021년 11월 20일

인디고 서원 엮음

펴낸곳	인디고 서원
펴낸이	허아람
책임편집	이윤영
편집진	김상원, 조해진, 최호용, 허보람
마케팅	정다은, 황철준

출판등록	2008년 1월 10일 338-2006-000006
주소	(48308) 부산시 수영구 수영로408번길 28
전화	051-628-2897
팩스	051-628-2885
이메일	indigo-book@hanmail.net
홈페이지	www.indigoground.net
인스타그램	@indigoseowon

이 책은 국립통일교육원과 인디고 서원이 함께 기획·제작하였습니다.
ⓒ 인디고 서원, 국립통일교육원, 2021.

ISBN	978-89-963107-5-4
값	15,000원

Doing Hope

공감과 연대의 사회를 위하여

인디고 서원 엮음

Indigo Seowon X 통일부 국립통일교육원

여는 글

2021년 8월 26일, 인천공항에 아프가니스탄인 377명이 입국했습니다. 탈레반의 점령으로 위험에 빠진 아프가니스탄 사람들 중 한국 정부 조력자에게 '특별 기여자' 신분을 부여, 한국 정부가 직접 수송기를 띄워 이들을 무사히 탈출하도록 도운 것입니다.

이 중 5세 미만의 영유아가 100명, 10세 이하의 어린이는 180여 명으로, 입국한 아프가니스탄인 절반 정도가 어린아이들입니다. 위험에 빠진 사람들에게 어려운 조건 속에서도 반드시 생명을 구하겠다는 일념의 '미라클(수송 작전명)' 작전은 한국 국민으로서 큰 자부심이 느껴지는 일입니다. 국경과 종교, 인종과 문화라는 장벽을 다 뛰어넘어 오직 인간이라는 공통의 지점에서 한 이 결정이 우리나라가 앞으로 나아갈 방향성에 큰 영향을 줄 것이라 믿습니다.

아프가니스탄에서 사람들을 구해내는 일은 목숨을 건 일이었다고 합니다. 탈레반의 감시를 피해서 300명이 넘는 사람들이 공항에 진입하기란 불가능에 가까운 일이었고, 다행히 비행기에 올랐다고 해도 격추당하는 일 역시 배제할 수 없었기 때문입니다. 많은 사람의 간절한 마음과 협력 덕분에 무사히 탈출에 성공할 수 있었습니다. 이에 그치지 않고 아프가니스탄에서 무사히 살아온 사람들이 한국 땅에서 적응해 살아갈 수 있도록 하는 노력 역시 인상적입니다. 정부가 난민 지위가 아닌 특별 기여자로 선정해 입국과 비자발급이 가능하도록 빠르게 대처한 것과 국가공무원 인재개발원이 아프가니스탄 사람들을 수용하기로 결정한 것들이 그렇습니다. 특히 진천군민들께서는 "여러분의 아픔을 함께합니다. 머무는 동안 편하게 지내다 가시길 바랍니다"라는 환영문으로 그곳에 온 사람들을 맞이하며, 적응 기간 동안 그들의 문화와 관습에 맞춘 음식과 기호품을 제공했습니다. 이후에도 한국에 적응하는 데 어려움이 없도록 물심양면 돕기 위해 기업과 단체, 개인 차원에서 후원과 지원이 끊이지 않았습니다. 그 어떤 조건보다 인류애를 선택한 많은 분의 노력에 경의를 표합니다.

아프가니스탄 사례를 통해 우리가 깨달은 것은 어떤 위기의 상황 속에서도, 그 어떤 장애물이 있다고 하더라도 포기하지 않아야 할 것이 있다는 사실입니다. 생명이 가장 소중하고, 사랑이나 우정, 연대, 협력, 자유, 존엄과 같은 가치들 역시 중요합니다. 이것들을 포기하고서는 인간답게 살 수 없는 일인데, 우리는 '현실'이라는 핑계를 대거나 조건을 탓하며 상황을 변명 삼아 그 가치들을 외면하는 일을 너무나 많이 겪고 있습니다. 고난과 역경, 차이와 경계를 넘어설 수 있는 힘은 바로 기본적인 인간의 권리가 지켜질 것이라는 믿음 혹은 희망이 있을 때 생겨납니다.

유일한 분단국가에 사는 우리에게 현실적인 어려움은 물론 있습니다. 정치적 견해의 차이도 있고, 분단된 세월만큼 서로를 이해하기에는 낯설게 변해버린 일상의 모습들도 있습니다. 경제적인 문제도 무시할 수 없을 만큼 복잡하고 어려운 것이지요. 그럼에도 불구하고 서로를 적대하고, 미워하고, 혐오하는 것은 그 누구에게도 이롭지 않습니다. 인간과 인간이 편견과 차별 없이 서로를 바라보는 것에는 어떤 장벽도 이유가 될 수 없습니다. 아무리 상황이 어렵더라도, 악조건 속에 놓여 있더라도 말이지요.

협력과 연대, 우정과 공생의 마음이 우리를 안전하고 자유롭고 행복하게 할 것입니다. 당연한 이야기이지만, 그런 당연한 이야기들이 일상에서 가능해지려면 부단한 노력이 필요합니다. 그 어떤 억압도, 폭력도, 차별도, 혐오도 우리 삶에서 허락되지 않아야 할 것입니다. 이 세상 모든 폭력에 반대하며, 자유롭게 춤추고 노래하고, 우정과 사랑을 나누는 것이야말로 이 시대에 필요한 백신입니다. 이 백신은 여러분 마음속에 이미 있을 것입니다. 서로를 막아선 장벽이라는 마스크를 걷어내고, 서로를 환대하며, 함께 모여 공감과 연대의 사회를 향한 희망의 춤을 추기를 꿈꿉니다.

2021년 11월
인디고 서원 편집진

차례

1장

우리 안의 장벽

Doing ●●●●●●●

많은 사람들이 오늘날 우리 시대를 차별, 혐오, 불평등, 불공정의 시대라고 부릅니다. 인간의 역사에서 이러한 문제들은 해소된 적이 없다고 할 수도 있습니다. 다만 인종이나 성별에 따른 차별이 법적으로 공고했던 때나 신분과 계급에 따라 모든 운명이 결정되던 이전보다 훨씬 나아진 부분도 있습니다. 그런데 우리가 살아가는 이 시대를 그렇게 부르는 이유는 무엇일까요? 평화로운 상태를 유지하고 있는 것처럼 보이지만, 일상 속에서는 여전히 힘없고 소외된 존재를 고통과 위기로 몰아넣는 폭력이 존재하기 때문입니다.

차별과 혐오가 없는 삶을 위해서는 서로에 대한 이해가 필요합니다. 하지만 내가 아닌 타인을 이해한다는 것이 쉬운 일은 아닙니다. 그래서 우리는 만나야 하고, 대화해야 하며, 공감하려는 노력과 그에 필요한 능력을 배워나갈 기회가 필요합니다. 이러한 시간을 통해 타인의 구체적인 삶의 이야기를 듣게 되고, 자신과 완전히 다를 것이라 예상했던 사람에게서 나와 비슷한 점을 발견할 수도 있을 것이기 때문입니다.

이러한 시도를 가로막는 것은 바로 우리 안의 장벽입니다. 이때 말하는 장벽이란 물리적인 것과 정서적인 것을 모두 포함합니다. 예컨대 코로나19로 마스크에 가려져 표정은 사라졌고, 대면의 경험이 줄다 보니 사람을 대하는 법에 더욱 서툴러졌습니다. 실제로 인천경찰청의 자료에 따르면 2021년에 발생한 학교폭력은 속도나 양상으로 보아 2019년보다 2배 가까이 증가할 것으로 예측되며, 교육부에서 발표한 '2020 학교폭력 실태조사'에는 사이버폭력이 전년 대비 3.4%포인트 증가한 것으로 나와 있습니다. 또한 전국 학생, 학부모, 교사 165만 명을 대상으로 실시한 등교 확대에 대한 인식 조사에서는 전면등교에 대해 전체 평균 66%가 찬성한 반면, 학생의 경우는 49.7%밖에 찬성하지 않는다는 설문 결과도 나왔습니다. 친구가 있어 신나고 즐거운 곳이 학교였는데, 이제 자유도 없고, 어렵고 복잡한 대인관계를 견뎌야 하는 곳이 되어버렸습니다. 사회적 거리 두기로 바이러스의 확산은 막았을지 모르지만, 어린이와 청소년들의 마음에는 거대한 장벽이 생긴 것입니다.

코로나19뿐만 아니라 수많은 사회적 조건들은 우리 안의 편견과 불신을 만들고, 그것들은 점점 더 견고해져서 서로에 대한 혐오와 차별로 이어집니다. 학교에서는 성적 경쟁 구도 속에서, 사회에서는 경제적 불평등 속에서, 국제적으로는 난민이나 이주민이라는 문제 속에서 우리 안의 장벽들은 우리도 모르는 사이 차곡차곡 쌓여가고 있습니다.

하지만 인간은 이러한 장벽들을 언제나 뛰어넘어 왔고, 그 중심에는 부정의함을 마주해 극복하고자 하는 존엄한 인간성이 있었습니다. 인간답게 살고자 하는 노력은 '나'라는 존재가 가진 한계를 인정하고 타인의 존재를 수용하는 겸허함에서 시작될 것입니다. 내가 아닌 다른 존재를 완벽히 이해하기란 불가능합니다. 이러한 한계를 인정하지 않고, 나의 제한된 시야로만 다른 사람을 평가하거나 판단할 때 오해는 생기기 마련입니다. 서로에 대한 정확한 이해 없이 감히 서로를 판단해서는 안될 것입니다.

코로나19라는 바이러스는 생명체들의 접촉으로 퍼져나간 전염병이기도 하지만, 어쩌면 이토록 촘촘히 연결된 서로를 다시 돌아보라는 메시지인지도 모릅니다. 나의 작은 선택이 얼마나 많은 존재들과 연결되어 있는지 깨닫게 되었고, 내가 알고 있었던 세계보다 훨씬 더 넓은 세계가 있다는 사실을 알게 되었기 때문입니다.

지금 우리에게 필요한 해결책은 불신과 혐오의 거리 두기가 아니라, 공감을 통해 새로운 연대를 만들어가는 일입니다. 인간과 인간으로 만나는 일을 포기하지 않을 때 우리는 더 안전하고 자유롭고 행복한 존재가 될 수 있음을 잊지 않아야 할 것입니다.

• • • • • • • • Hope

1

차별은 어디서 시작하는가?

일상에서 많이 사용하는 언어들 중 우리도 모르게 차별의 의미를 담고 있는 것들이 많습니다. 대부분은 약자와 소수자를 상징하거나 지칭하는 말을 나쁘게 해석하거나 우스꽝스럽게 표현하는 경우들입니다. 물론 약자와 소수자에 대한 관심이 점점 생겨나면서 기존의 배제와 차별의 문화에 문제가 있다는 사실이 드러나고 있습니다. 예전에는 아무렇지 않게 오가던 말이나 용인되던 상황들에 문제를 제기하는 사람들의 목소리가 커지고 있습니다. 더 많은 사람을 배려하고 포용하는 문화가 만들어지는 것은 환영할 일입니다. 하지만 아직도 그런 변화를 달가워하지 않거나 불편해하는 사람들도 많습니다. 심지어 소수자를 배려해야 한다는 말을 하는 사람에게 "프로불편러"라고 비꼬거나 비난하기도 합니다. 무심코 내뱉은 장난 섞인 말이 누군가에게 상처를 주고 억압하는 폭력적인 표현일 수도 있다는 걸 아직 우리 사회가 받아들이지 못하고 있습니다.

진짜 문제는, 이렇게 누군가를 차별하고 혐오하는 표현과 농담들이 다른 사람들의 생각이나 행동에 영향을 주게 된다는 것입니다. '저 사람을 나쁘게 대해야지!', '저 사람을 차별해야지!'라고 생각하지 않더라도 나도 모르게 녹아든 습관과 말투로 다른 이에게 상처를 주고 공동체 전체의 인권 감수성을 저해할 수 있습니다. 대부분의 인간은 악해지길 원하지 않습니다. 하지만 나의 선하고자 하는 마음과는 다르게 잘 몰라서, 알려고 하지 않아서 다른 사람에게 상처 주는 일이 많습니다.

우리 사회에는 어떤 차별이 있고, 그 차별은 왜 생겨나는 것일까요? 차별이 가져오는 결과를 살펴보며 극복할 방법이 무엇인지 이야기해 보았습니다.

● 정하진(14세)

저희 반은 수학을 잘하는 친구들과 못하는 친구들의 성적 차이가 크게 납니다. 그래서 담임선생님이 반에 멘토, 멘티를 정해 잘하는 친구 한 명이 못하는 친구 두 명을 맡도록 하였습니다. 멘토링이 진행된 후, 멘토 친구들은 멘티 친구들로부터 우월감을 느끼기 시작했습니다. 우월감은 말과 행동으로 드러났고 결국 멘티들의 자존감이 낮아지는 결과를 만들었습니다. 그리고 멘티끼리도 경쟁이 일어나 경쟁에서 뒤처진 멘티는 열등감을 느끼기도 했습니다.

저는 이런 상황을 보고 '이게 과연 우리가 원하는 공부일까?', '친구들 사이에서 우월감, 열등감을 느끼며 경쟁하는 것이 과연 맞는 일일까?', '친구들 사이에 차이를 만드는 것이 과연 정당한 일일까?'라는 의문이 들었습니다. 서로 깎아내리려고 하고 자신이 누리는 특권을 자랑하는 사회에서 우정과 공생의 세계는 만들어질 수 없습니다. 제 친구들이 우정보다 공부와 성적을 더 중요하게 생각한다는 것이 슬펐고, 저 또한 이런 무모한 경쟁이 만든 괴물이 되진 않을까 두렵습니다.

● 손수민(17세)

똑같은 교복을 입고 똑같은 급식을 먹고 똑같은 교실에서 똑같은 시간 동안 똑같은 교육을 받는 게 평등해야 하기 때문이라고 말합니다. 사복을 입으면, 도시락을 싸 오면, 교실의 크기나 모양이 다르면 차이가 생겨 차별로 이어진다고 생각하기에 모두를 획일화시키죠. 하지만 이건 잘못된 생각입니다. 차이만으로는 결코 차별로 이어지지 않습니다. 사실 우리는 모두 다르기 때문입니다. 다름을 틀림으로 인식하게 하는 획일화가 결국 차별로 이어지는 것입니다.

최근 코로나19가 확산하며 더욱 획일화라는 단어의 무서움을 체감하고 있는데, 통제와 규율이 강화되는 환경일수록 사람들의 다양성이 지켜지기 어려운 것 같습니다. 고립될수록 늘어나는 소비 역시 획일화를 조장합니다. 유행에 몰려들어 똑같은 꼬리표를 주렁주렁 단 모습이 다양함과 개성을 자꾸만 지우고 있는 건 아닐까요?

언제, 무슨 일이 일어날지 모르고 상대방이 무슨 생각을 하는지 예상하거나 이해할 수 없을 때 우리는 두려움을 느낍니다. 이런 태도는 새롭고 낯선 것에 호기심을 갖고 이해하려 노력하지 않는 요즘 사람들의 태도를 보여주는 것 같습니다. 사람들은 오히려 사회적 관계를 위하여 타인과 비슷해지려고 노력하는 것을 더 옳다고 여깁니다. 낯선 공동체에 적응하거나, 낯선 타인을 이해하기 위해서는 나의 개성을 인정하고 성장시키며 동시에 타인의 다양성을 인정하는 능력을 기르는 것이 필요합니다.

눈에 보이지 않더라도 나의 선택은 반드시 다른 존재에게 영향을 준다.

● 이선우(17세)

최근 저는 밈(meme)처럼 유행으로 쉽게 사람들이 내뱉는 단어에 많은 문제가 있다는 사실을 알면서도 그냥 유행이라고 생각하고 받아들이는 것이 익숙해졌습니다. 사실 생각을 멈추고, 돌이켜보기를 멈추면 정말 편하기는 합니다. 하지만 제가 편함으로써 어디선가 끙끙 앓고 있을지 모르는 사람이 있다고 생각하니 더 불편한 마음이 들었습니다. 혼자 사는 세상이 아니니, 우리는 생각하고 반성하며 말하고 행동해야 합니다. 그리고 잘 몰랐던 부분에 대해서, 이해할 수 없는 부분에 대해서 대화를 나누어야 합니다.

우리가 타인에게 두려움을 느끼는 가장 큰 이유는, 그들에 대해 잘 모르기 때문입니다. 좀 더 정확히 말하자면 알려고 하지 않기 때문이고요. 낯선 것에 대한 두려움을 느끼는 것은 본능적인 것일 수 있습니다. 두려우니 방어 기제를 꺼내 들고, 나와 다른 사람을 반대하게 되는 것입니다. 하지만 그것이 차별과 무시, 폭력에 정당한 이유가 될 수는 없습니다. 잘 모르기에 더 알고자 노력해야 하는 것 아닐까요?

저는 어떤 사람이든 타인을 완전히 이해할 수 없다고 생각하는 사람으로서 저 역시 노인들이 소외당하는 아픔, 소수인종으로 살아가며 겪는 차별을 아직 온전히 이해한다고 말하기 조심스럽습니다. 저의 상상보다 아픔의 크기가 더 클 것이기 때문입니다. 그렇지만 그런 현실을 알고자 하는 노력은 가능하다고 생각합니다.

● 이수겸(19세)

모든 사람이 비슷할 수는 있지만, 똑같이 복제하지 않는 이상 같을 수는 없을 것입니다. 다른 가치관, 다른 외모, 다른 성별, 장애가 있을 수 있고, 생각이 다르기도 한데, 다양성을 존중하지 않는 사회 분위기는 그러한 타인에 대해 편견을 가지게 하고, 함부로 판단하게 해 상대방을 이해하고자 하는 노력을 힘들게 하고 있습니다. 이렇게 상대방을 온전하지 않게 판단하면 존중보다는 무관심, 잘못된 고정관념, 편견으로 인해서 차별과 불평등으로 이어질 수 있습니다. 그래서 상대방을 미리 규정하는 행위는 피하도록 노력해야 하며 그 대신 대화를 통해 서로를 알아가면서 상대방의 입장과 처지를 존중해야 합니다.

이런 대화와 존중의 과정이 없다면 차별이 쉽게 생기거나 심해질 수 있고, 자신이 차별받는 상태라면 극복하기 위한 노력이 어려워 마음을 닫아버릴 수도 있습니다. 차별과 혐오, 불평등은 사람을 정말 좌절하게 하기 때문입니다. 그러나 반대로 존중과 배려, 공감은 다시 일어설 힘을 주며 긍정적인 방향으로 나아갈 자신감을 줄 수 있습니다. 상처와 두려움을 극복하는 과정은 힘들 것입니다. 하지만 긍정적인 힘만이 우리에게 새로운 가능성을 불어넣어 주며 두려움을 극복하게 해줍니다.

타인을 완전히 이해하기는 어려우리라 생각합니다. 각자가 살아온 삶의 배경과 가치관 등 자신을 이루는 수많은 경험과 생각이 같을 수는 없기 때문입니다. 하지만 상대방을 이해하기 위한 노력으로 서로를 존중할 수 있고, 차별과 혐오를 넘어서 평등한 세상을 만들어 갈 수 있다면 충분히 모두가 행복하게 살 수 있을 것입니다.

● 임찬우(17세)

차별을 일상생활에서 맞닥뜨리는 가장 많은 경우는 농담이라고 생각합니다. 웃음은 문제를 완화해주는 것으로 보입니다. 그래서 아무리 심한 차별의 말을 내뱉어도, 일단 웃으면 그에 대한 죄책감이 없어져 버리는 것입니다. 지금 우리 사회에는 표면적인 차별을 없애려고 누군가를 웃음거리로 만듦으로써 자신이 우월해지고자 하는 잘못된 분위기가 형성되어 있다고 생각합니다.

우리는 표면적으로만 상대방을 존중하는 사회적 분위기에서 벗어나야 합니다. 예를 들면 아버지가 미국인인 친구와 아무런 문제 없이 잘 지내고 있었는데, 학교에서 한 '다문화 가정 교육' 때문에 오히려 그 친구가 다문화 가정의 친구라고 생각하게 되어버렸습니다. 눈에 보이고 글로 적히는 단순한 문제만을 해결하려 했기 때문에 벌어지는 일입니다. 저는 차별이 '정의 내림'에서 나온다고 생각합니다. 피부색이 다른 것은 우리들의 눈에 쉽게 들어오고, 쉽게 차별을 낳을 수 있습니다. 하지만 누군가를 차별하고자 한다면 피부색뿐만 아니라 문제 삼을 거리가 너무나 많다는 것을 학생들은 알고 있습니다. 학교폭력의

나 자신을 옭아매는 마음의 벽을 넘어서면, 타인에게 다가갈 수 있다.

1장 우리 안의 장벽

피해자들은 전부 다문화 가정의 아이들이 아닙니다. 피부색이 다르다고 낯선 사람이 아니라는 것을 이제 우리는 압니다. 모르는 사람들이 있다고 한들, 저는 이제 우리 사회가 충분히 그 태도를 지적하고 고쳐줄 수 있는 수준이라고 생각합니다. 이제 우리에게 필요한 교육은 눈에 보이지 않는 모든 세심하고 작은 특성들 역시 그저 다를 뿐, 우리 중에 같은 사람은 아무도 없다는 것을 인식시키고 체화시키는 것입니다.

그럼 사람들은 왜 차별할까요? 아마 자신이 우월해지고 싶어서가 아닐까요? 누구보다 자신을 쉽게 싫어하게 되어버린 우리 사회에서, 가장 쉽게 자존감을 찾는 방법은 누군가를 깎아내리는 것입니다. 그러나 우리는 누군가를 차별함으로써 얻는 자존감은 텅 빈 공갈빵과 같다는 것을 알아야 합니다. 잠깐 우월감을 느낀다고 한들, 누군가와 비교해서 얻는 자존감은 곧 허무해집니다.

차별은 결국 사회에서 일어나는 현상이기에, 차별을 없애기 위해서는 현재 사회의 분위기와 관습을 바꾸는 수밖에 없습니다. 모두를 존중하지 않는 사회에 맞서 싸우는 것도 중요하지만, 우리부터 우리 자신을 존중하는 것이 먼저입니다. 다름을 다름 그 자체로 받아들이는 태도와, 자신을 존중할 수 있는 태도가 만나야 상대방을 그 존재 자체로 존중할 수 있는 사람이 될 수 있습니다.

2

코로나19로 드러난 불평등

전 세계가 코로나19 종식을 위해서 힘쓰고 있습니다. 쉽게 사그라들 것 같지는 않지만, 그래도 백신 개발을 서둘러 완성하고 치료에도 최선을 다하는 등 전염병의 위기를 극복하기 위해 많은 사람이 노력하고 있는데요. 그런데 코로나19 바이러스만큼 우리가 시급하고 절실하게 대응해야 할 문제들이 있습니다. 바로 차별, 혐오, 불평등, 부정의와 같은 사회적 문제들입니다.

코로나19라는 위기는 우리 시대가 가지고 있던 문제들을 수면 위로 떠오르게 했습니다. 중국에서 코로나19 바이러스가 발생했다는 이유로 마치 모든 아시아인이 바이러스 같다는 혐오의 시선이 생겨났고, 2021년 3월에 미국에서 발생한 애틀랜타 총기 난사 사건은 그 혐오가 실제로 어느 정도로 심각한 것인지를 보여주는 증거입니다. 또, 코로나19 이후 세계적으로 불평등은 더욱 심해졌습니다. 국제구호개발기구 옥스팜의 '기근 바이러스 대확산(The Hunger Virus Multiplies)' 보고서에 따르면 52만 명의 사람들이 극심한 기근 위기에 처해 있으며 이 수치는 2020년 이후 6배 증가한 수치입니다. 반면 코로나19 발생 이후 전 세계에서 가장 부유한 10명의 재산은 4,130억 달러(약 477조) 증가했으니, 심각한 부의 불평등이 발생했음을 알 수 있습니다. 코로나19 감염 사망자의 비율 역시 부유한 나라보다는 가난한 나라가, 부유한 사람보다는 가난한 사람들이 더 높습니다. 거리두기로 멀어진 탓일까요? 점점 더 서로의 삶을 이해하기가 어려워지고, 그 결과 점점 더 많은 사람이 위기와 고통을 마주하게 되었습니다.

코로나19 바이러스만 해결한다고 해서 안전하고 자유로운 세계가 되지 않을 것이라는 사실을 우리 모두가 알고 있습니다. 그러므로 우리는 고민해봐야 합니다. 코로나19로 드러난 우리 사회의 가장 심각한 불평등은 무엇인가요? 이것을 해결해야 하는 이유는 무엇인가요?

● **김태희(16세)**

과연 어른들은 코로나19 상황에 놓여 있는 학생들의 모습과 현실을 알고 있는지에 대해 쓰고 싶습니다. 전염병 앞에서 가장 먼저 어른들은 학교 가는 걸 금지했습니다. 아이들을 보호한다고 했지만, 회사는 그대로 다니고 놀러도 다닙니다. 왜일까요? 경제에 비해 교육을 중요하게 생각하지 않거나, 학생들이 가장 통제하기 쉽기 때문은 아닐까요? 어른들은 아이들이 학교에 다니는 짧게는 몇 개월, 길면 1년이 넘는 시간 동안 무엇을 배우고 어떻게 성장하는지 알 생각도 없는 것 같습니다. 그렇지 않다면 왜 계속 방역 지침을 어기고, 또 다른 위기가 발생하지 않도록 새로운 대책도 강구하지 않나요? 지금의 교육불평등, 학습격차는 20년 후 사회의 빈부격차, 지역 격차, 사회 분열로 돌아오게 될지도 모릅니다. 어른들은 그때 가서 교육에 대해 더 철저한 대안을 마련하지 않은 것에 대해 어떻게 책임지실 생각인가요?

● 김희찬(16세)

온라인 수업을 1년 넘게 들으며 제가 가장 뼈저리게 느낀 것은 학생별 성적 차이가 이전보다 더 심해졌다는 것입니다. 학교 수업도 온라인으로 하고 학원도 못 가게 되면서 집에서 과외를 받거나 소수정예 수업을 듣거나, 혹은 혼자서 학습을 하는 습관이 든 친구들과 그렇지 못한 친구들의 진도나 수준이 차이 나게 되었습니다. 원래 평범하게 학원에 다녔던 친구들은 비슷비슷하게 진도도 따라가고 성적도 어느 정도 나왔는데 학원에 가지 못하니까 수업을 따라가지 못하고, 모르는 걸 학교 선생님이나 친구들한테 물어보면서 실력을 늘려야 하는데 그마저도 불가능합니다. 게다가 온라인 수업이 익숙하지 않아서 집중도 잘 못하고 졸거나 참여도가 줄어드는 것도 심각한 문제입니다. 올해 들어 작년에 배운 개념을 이해하지 못하는 친구들이 부쩍 늘어난 것도 같은 이유입니다. 어떤 상황이든 최소한 교육에서는 평등한 기회가 보장되어야 하는데 그렇지 못한 것입니다.

● 이지원(15세)

코로나19의 장기화로 점점 더 심해지는 빈부격차 문제와 학생들의 교육 차이에 따른 성적 격차에 대해 생각해야 합니다. 코로나를 겪으며 많은 사람이 해고되었고, 자영업자도 일을 그만두거나 큰 빚을 지게 되었습니다. 반면에 잠깐 일을 쉴 뿐 직장을 잃은 것은 아닌 부자도 있고, 코로나19 중에도 계속 많은 돈을 벌고 있는 기업도 있습니다.

가난한 사람들일수록 사는 환경이 열악하다보니 코로나19와 같은 전염병에 더 쉽게 걸릴 수 있습니다. 직장을 잃은 사람들은 새로운 직장을 구하거나 돈을 벌기 위해 사람이 많은 곳에 방문하거나 여러 일을 병행하며 다른 장소로 옮겨 다녀야 하기 때문입니다. 아이들도 마찬가지입니다. 돈이 많은 부모님을 둔 아이들은 등교 수업이 멈춘 동안 각자의 재능을 발전시키고 더 많이, 효율적으로 공부하여 자신의 성적을 끌어올리지만, 학교에서 제공하는 온라인 수업 외에는 아무것도 하지 못하는 어려운 상황에서 공부하는 친구들도 있습니다. 저는 이런 문제가 우리 사회의 부조리라고 생각합니다. 우리가 상상력을 발휘해 바꿔나가야 할 이야기입니다.

● 백주은(17세)

코로나19 백신을 접종하며 점점 코로나19에 대한 공포도 끝이 나고 일상을 되찾을 수 있다는 기대가 커집니다. 그런데 거대한 변화를 이끌어내야 했던 지금 상황을 그저 빨리 끝나기만을 기다리는 마음으로 살아가는 게 옳은지 의문입니다. 우리는 왜 바로 앞의 문제가 해결되기만을 바라고 본질적인 문제를 파악하려 하지 않을까요?

분명히 우리는 코로나19를 겪으며 숨겨온 문제의 맨얼굴을 마주하고, 몸소 느꼈습니다. 그런데 달라진 것이 있나요? 교육과 빈곤, 환경, 사회적 모든 불합리에 대해 우리는 피하려고만 하고 해결된 게 없습니다. 이렇게 모든 문제가 삶 가까이에 왔을 때가 바로 한 세대의 흐름을 바꿔 긍정적인 변화와 발전으로 이끌 수 있는 티핑포인트인데 말입니다.

대한민국 학생으로서 교육에서 지금 가장 달라졌으면 하는 부분은 학생들의 개성을 존중하지 않는 것입니다. 저는 모든 이들의 개성을 중요하게 생각하지만 정작 학교 안에서 누구든 개성을 드러내면 이상한 사람이 됩니다. 중학교 1학년 때 저는 패션에 관심이 생겨 머리나 양말, 신발에 포인트를 주었는데 이런 모습이 선생님들이 보시기에 많이 불편하였는지 이상한 학생으로 선생님들 사이에 소문이 퍼졌습니다. 1학년 선생님들 모두 치우친 시선으로 저를 평가할 때, 오로지 담임 선생님 한 분만이 저의 개성을 받아들이고 인정해주셨습니다. 개성이란 자신을 표현하는 길인데 학교에서조차 이렇게 억압한다면, 사회에서 개성을 드러내는 사람에 대한 차별은 제가 겪은 것보다 더 심할 것이며, 모욕적인 말과 행동으로 한 사람을 불행으로 몰지도 모릅니다.

코로나19는 우리에게 새로운 성장을 향해 움직이라 말합니다. 제가 생각하는 새로운 성장은 학생들이 잠재력을 마음껏 펼칠 수 있도록 하는 것입니다. 사방이 막혀 있는 곳에서 어떻게 잠재력을 펼칠 수 있겠습니까? 학생들이 자신을 알 수 있도록 자유로운 환경 속에서 내면을 성장시킬 수 있는 교육 환경이 조성되어야 합니다. 또, 우리는 기다림이 필요합니다. 우리가 느리게 때론 답답하게, 실수하며 자라나는 과정을 지켜봐 줄 수 있고 기다려줄 수 있는 어른이 필요합니다. 학교에서도, 사회에서도 우리는 항상 남들보다 빨리 성공하기를 원하고, 남들보다 진도를 빨리 나가 입시를 위한 공부를 다 끝내는 것을 목표로 합니다. 이것이 진정한 교육의 모습인가요? 그 결과 우리는 대학만 가면 모든 것이 끝날 것이라고 착각을 합니다. 이후엔 남들보다 더 빠른 졸업, 취업, 승진이 우리를 일생 동안 옥죄겠지요. 우리는 스스로 미래를 준비할 수 있는 능력을 길러야 합니다. 그 시작은 내가 누구인지 들여다보고 저 자신을 표현하고 성장시키는 노력을 하는 것입니다.

1장 우리 안의 장벽

코로나19 이후 어떤 세상이 가능할 것인가는 우리의 선택에 달려 있다. ⓒElizabeth Jabar

3

분노와 혐오를 없애는 방법

한국 교육을 움직이는 힘은 단언컨대 '경쟁'입니다. 살아남기 위해 열심히, 성실히, 꾸준히, 지독하게 공부합니다. 이상한 일입니다. 2021년, UN에서 한국을 공식적으로 선진국이라 인정했고, 경제적으로는 세계에서 10위 권에 가까이 들 만큼 풍요로운데, 전쟁터에서 살아남아야 하는 사람들마냥 생존을 위해 투쟁합니다.

그런데 문제는 오직 자기 생존만을 생각하느라 타인의 존재에 대해 고민할 수 없는 인간은 비인간적인 선택을 한다는 점입니다. 상식에 어긋나는 판단을 내립니다. 약자나 소수자를 차별하고, 무시하며, 조롱하고, 낙오시키며, 죽음을 방치하는 방식으로 말입니다. 무지함은 폭력을 부를 수밖에 없습니다. 타인에 대한 무지, 무관심, 외면은 내가 한 선택이 초래할 영향들에 무책임한 인간이 되게 합니다. 내가 의도한 것이 아닌 결과를 낳는 것도 위험하지만 선택의 결과조차 알지 못하니 책임지지도 못합니다.

1장 우리 안의 장벽

타인에 대한 이해와 공감의 부족은 분노와 혐오를 낳습니다. 타인에게 피해를 입히는 것을 우리는 '자유'라 말하지 않습니다. 그러므로 타인을 이해하지 않고 공감하지 않는 방식의 삶은 자유롭지 않습니다. 그렇다면 자유로워지기 위해 어떻게 해야 할까요? 사유(思惟)는 말과 행동을 가능하게 합니다. 즉, 말과 행동은 사유의 결과입니다. 어떤 방식으로 사유하는지에 따라 말과 행동이 결정되는 것입니다. 나의 선택이 누군가에게 영향을 줄 수밖에 없다면, 나의 선택과 그 영향에 대해 알고자 노력하고, 외면하지 않아야 하며, 끝없이 무엇이 옳은지 질문해야 합니다.

우리가 더 자유롭고, 서로를 이해하고 공감하기 위해, 분노와 혐오를 없앨 수 있는 방법은 무엇일까요?

● 이재영(14세)

혐오와 차별은 자신과 다른 사람을 비교하고 구분 짓는 것에서부터 생기며, 이러한 비교와 구분은 교육에서 가장 많이 발생합니다. 수능은 수학능력 평가라고 하지만 결국에는 점수를 내고 하나의 기준으로 구분 짓는 시험입니다. 많은 사람이 수능을 잘 보고 대학에 잘 가서 좋은 회사에 취직하는 것을 목표로 합니다. 따라서 수능 경쟁에서 승리하기 위해 사교육에 많은 돈을 사용합니다. 결국 부모의 재력이 학업에 큰 영향을 주고, 가정형편으로 인해 교육 격차가 벌어지게 됩니다. 이런 교육 격차는 서로에 대한 혐오와 차별을 만들어냅니다. 우리 사회의 많은 장벽을 없애기 위해서는 '경쟁'이 아닌 협력과 배려가 필요합니다.

● 김도훈(14세)

혐오와 차별은 우리가 가진 편견으로부터 시작됩니다. 우리는 편견을 가지고 태어나지 않습니다. 편견은 기성세대의 생각과 입장이 우리에게 전달된 것입니다. 우리가 전달받은 편견을 다음 세대로 넘기지 않기 위해서 우리는 우리가 가지고 있는 편견을 극복해야만 합니다. 지금 우리는 '난민은 나쁘다', '대학을 잘 가면 성공한 인생이다' 같은 편견에 휘둘려 올바른 결정을 내리지 못하고 있습니다. 우리가 우정과 공생의 세계를 만들기 위해서는 '평등'이라는 가치와 '편견은 옳지 않다'라는 원칙을 지켜야 합니다.

● 심규형(16세)

혐오와 차별이 없는 세계를 만들기 위해서는 학업에 대한 경쟁을 없애거나 줄여야 합니다. 제 옆의 친구마저 시험을 칠 때 경쟁자가 되는 사회는 차별 없는 사회에 다가가기 어렵습니다. 모든 청소년들이 함께 미래를 만들어나가야 하는데 경쟁을 통해 공부를 잘하는 청소년들만 선별하는 것은 옳지 않습니다. 공부 외의 다른 곳에 재능이 있는데도 오로지 공부로만 평가를 받다 보니 우울해지고 무기력해져서 자신의 재능을 발휘하지 못하고 재능을 잃어버리는 청소년들도 있습니다. 그리고 공부를 잘하는 청소년들도 마냥 행복하지는 않습니다. 자신의 등수를 더 올리거나 유지하기 위해 계속해서 공부하며 스트레스를 받기 때문입니다.

● 우승현(17세)

저는 고등학교에 와서 스트레스를 많이 받고 있습니다. 그 이유는 역설적이게도 하고 싶은 것, 되고 싶은 것이 있기 때문입니다. 사람들은 하고 싶은 것,

되고 싶은 것이 있으면 혼란도 적고 목표를 위해 노력할 동기부여가 된다고 말합니다. 그러나 저의 목표를 이루려면 들어가야 하는 학과가 있고 치러야 하는 시험이 있습니다. 그리고 그 과는 전국적으로 입학경쟁률이 높기로 유명합니다. 그래서 수업 시간에 질문, 발표를 한 번이라도 더 해야 한다는 압박에 시달리고, 선생님들께 잘 보여야 한다는 생각이 머릿속에서 사라지지 않습니다. 쉬는 시간에 친구들과 놀아도 시험에 도움 될만한 무언가를 해야 할 것 같아 쉬는 것 같지 않고 매일 밤마다 '이렇게 공부 안 하면 안 되는데' 하는 생각에 잠이 오지 않습니다. 오히려 제가 목표하던 일에 대해 생각하고, 관련된 준비를 하는 것은 완전히 뒷전입니다.

저는 이런 일들이 결국 대학 입시 중심의 교육에서 나왔다고 생각합니다. 고등학교의 첫 수업 때 모든 교과 선생님이 공통적으로 한 말은 '너희 때부터 세특(세부능력 및 특기사항)에 자율동아리, 자소서, 수상기록 모두 생활기록부에서 제외되니까 수업 시간에 하는 것들이 엄청 중요하다'는 것이었습니다. 학교에서는 선생님들이 발표를 시킬 때나 활동을 시킬 때도 세특에 적어준다, 수행평가 점수를 준다는 식으로 점수, 입시와 연관 짓습니다.

입시제도는 제가 무엇을 하고 싶은지에 대한 관심은 없고, 무엇을 해야 하는지만 알려줍니다. 입시제도가 바뀌고 있는데, 매년 뭐가 달라지는 건지도 잘 모르겠고 달라지는 내용이 색다르고 창의적인 것도 아닙니다. 그냥 만드는 어른들끼리 좋은 제도라고 생각하는 것 같습니다.

지금까지와 다른 미래를 만들기 위해서 교육에는 모두가 예상 가능한 게 아니라 진정으로 혁신적인 다른 무언가가 있어야 합니다. 학교에서 자기가 원하는 미래에 대하여 탐구할 수 있어야 하고 자기가 교육 방식과 내용을 기획할 수 있어야 합니다.

인간은 도움이 필요한 사람에게 손을 내밀 때 삶의 의미를 느끼는 존재다.
ⓒUnited Nations COVID-19 Response

● 전서영(16세)

　행동경제학자 댄 에리얼리의 연구팀은 인텔의 반도체 공장 직원들을 대상으로 인센티브가 작업 능률을 얼마나 올리는지 알아보는 실험을 진행했습니다. 직원들이 업무를 통해 받는 인센티브를 현금 보상, 피자 쿠폰과 칭찬으로 나누었습니다. 그리고 인센티브를 받지 않는 집단을 대조군으로 설정했습니다. 어떤 결과가 나왔을까요? 흔히 현금 보상이 가장 큰 업무 효율을 보일 것으로 예상하지만 완전히 반대의 결과가 나왔습니다. 피자 쿠폰 조건과 칭찬은 생산성의 6.6~7% 상승을 가져왔으나 현금 보상 조건의 생산성 상승효과는 4.9%에 그쳤습니다. 게다가 시간이 지나게 되면서 피자 쿠폰과 칭찬을 받은 사람의 생산성은 3일 후 인센티브를 받지 않은 사람과 비슷한 수준으로 떨어졌지만, 현금 보상을 받은 집단은 오히려 인센티브를 받지 않은 사람보다도 더 낮은 생산성을 보인 것입니다. 사람들은 누구나 돈을 원하고, 돈을 받으면 가장 높은 업무 효율을 보일 것이라는 통념과는 반대되는 결과였습니다. 이 실험을 통해서 사람들을 실제로 움직이는 것은 돈과 같은 외적 보상보다는 칭찬이나 연대감, 존중과 같은 내적 가치라는 것을 알 수 있었습니다.

　저는 이 실험과 상황을 학교 생활과 연관 지어 생각할 수 있었습니다. 우리 학교에서 대부분의 학생은 시험 점수를 위해 공부를 하는 것 같습니다. 수업에 집중하는 이유는 시험에 나오기 때문이죠. 그래서 시험이 끝나고 나면 학생들의 수업에 대한 집중도는 현저히 낮아집니다. 엎드려 잠을 자는 아이들, 잡담하는 아이들이 늘어나며, 전반적으로 아이들의 공부하고자 하는 의욕이 떨어진 모습을 볼 수 있습니다. 흔히 '긴장이 풀렸다'라고 말합니다. 이는 공부의 동기가 '평가' 혹은 '점수'라는 외적인 보상이 작용하는 시스템이기 때문에 그런 것이 아닐까요? 현금 인센티브를 지급한 후 반도체 공장 직원들의 생산성이 하락했듯이, 시험 성적이라는 외적 보상을 인센티브로 받게 되면 궁극적으로 공부할 의욕이 떨어지게 되는 것입니다. 본래 시험은 공부할 의욕을 고취하고, 내가 얼마만큼 알고 있는지 공부를 잘하고 있는지 점검하는 수단입니다. 하지만 지금은 시험을 위해 공부하고, 결국 이는 공부할 의욕을 떨어뜨리는 결과로 이어지고 있는 것입니다.

사람은 자기 일에 대해 주인의식을 갖고, 성취감을 느끼기를 좋아합니다. 직장에서 다른 동료들과 연대감을 가질 때 더 즐거워하고, 더 좋은 성과를 냅니다. 공부도 마찬가지라고 생각합니다. 자신이 공부한 것에 대해 뿌듯함, 성취감을 느끼고 주인의식을 가지며, 자신만의 방법으로 이해하여 체화했을 때 우리는 더 공부를 열심히, 잘할 수 있습니다. 학교에서 아이들을 경쟁상대로 만드는 것이 아니라 서로 함께 협력하고 존중하도록 할 때, 학업 분위기는 더 좋아질 것입니다.

● 최준영(16세)

사람들의 마음속에 분노와 혐오를 심는 것은 아주 쉽지만, 이미 뿌리 내린 차별과 갈등을 지워나가는 것은 매우 어렵습니다. 그래서 처음부터 그런 분위기에 휩쓸리지 않도록 강한 확신과 올바른 가치관을 가진 청소년들을 길러내는 교육이 중요하다고 생각합니다.

코로나19로 온라인 수업을 처음 할 때, 오프라인 수업과 차이가 난다는 이야기가 많았습니다. 더 집중하기 어렵다든가 하는 이유였습니다. 그런데 시간이 지날수록 온라인 수업이나 오프라인 수업이나 그 내용과 질에 큰 차이가 느껴지지 않습니다. 둘 중 어느 하나도 진정한 교육을 하지 못하고 있고, 학생들 또한 진정한 공부를 하지 못하고 있기 때문입니다. 시험을 목적으로, 진학을 목표로 한다면 언제, 어디서, 어떻게 교육을 하든 진정한 교육은 이루어질 수 없습니다. 우리가 반드시 포함해야 하는 교육의 원칙은 교육 그 자체에 아이들이 즐거움과 보람을 느끼게 하는 것이고, 학창 시절의 배움이 배움의 전부가 아니며, 책 바깥에서 친구나 가족 등 관계에서도 배울 수 있고, 이를 통해 스스로 성장할 수 있도록 목적과 목표를 두는 일입니다.

그래서 저는 시험 과목뿐 아니라 성공이 무엇인지 알아가는 공부를 해야 한다고 말하고 싶습니다. 학생들은 모든 공부를 '나중의 성공'을 위해 한다고만 생각합니다. 그건 진짜 성공, 진정한 삶에 대해서는 가르치지 않기 때문인 것 같습니다. 요즘 헨리 데이비드 소로의 『월든』을 읽고 있는데, 소로가 큰돈을 벌거나 신나게 소비를 한 것도 아니지만 자신이 원하는 행복을 온전히 누리는 모습을 보고 저는 크게 감동하였습니다. 우리는 그에 비해 얼마나 많은 행복을 돈으로 사려고 하고 있나요? 성공이 돈이라고 쉽게 정의하고 행복을 돈으로 살 수 있다고 착각하는 사회에서는 이익에 따라 사람을 다르게 대하고 돈 있는 사람만 가치 있게 평가할 가능성이 높습니다. 이런 때일수록 삶의 올바른 가치관을 기를 수 있는 교육이 필요합니다.

소외되는 이들 없이 모두의 의견이 존중되는 사회를 위해서는 어렸을 때부터 다양한 계층과 접하고 그들의 상황을 이해하고 존중하는 연습이 필수적입니다. 그러나 오늘날의 학교는 거의 그런 기회를 제공하지 못하고 있습니다. 교육 격차를 줄이고 모든 학생에게 최대한 비슷한 기회가 돌아갈 수 있도록 노력하고, 그런 과정에서 상대를 존중하는 교육이 필요합니다. 소외되는 이 없이 모두가 공생하는 사회는 혐오와 차별이 없는 학교에서 자라난 학생들이 만들 수 있습니다.

● 김보민(17세)

"가해자에 대한 엄벌, 피해자에 대한 제도적 조치에 한계가 있을 수밖에 없다면, 한계 너머의 피해자에 대한 배려는 사회 공동체의 몫이 되어야 한다. 재판 과정에서 엄벌 여론을 주도하는 것도 피해자에게 위로가 되겠지만 보다 근본적인 해결책은 피해자의 고통을 공동체가 나누어지는 것이다. 특정 사건이 터졌을 때만 끓어오르다가 이내 식어 버리는 '냄비성' 관심이 아니라 '시간의 흐름이 결코 그대들에 대한 기억을 지우지 못하리라'는 로마 시인 버질의 시구처럼 피해자의 아픔에 지속적으로 동참해 주는 것이 진정으로 피해자를 위한 길임을 잊지 말아야 한다."

– 천종호, 『호통판사 천종호의 변명』중에서

어떤 사건이든, '이건 아닌데'라는 생각과 '그렇지만 내가 뭘 하든 변하는 건 없어'라는 생각 사이의 간극을 좀처럼 좁히지 못하는 사람들이 많습니다. 이 모습은 우리가 입시제도와 수많은 경쟁에 치여 힘을 잃어가는 것과 비슷합니다. 대부분의 청소년은 분노를 넘어 행동을 시작할 힘이 남아 있지 않고, '세상은 원래 그래, 나쁜 놈들은 결국 그래' 같은 생각을 하게 됩니다. 이런 반복이 차별과 배제의 문화를 용인하고 또 목적성 없는 혐오로 이어지게 되는 것 같습니다.

주어진 눈앞의 현실과 혼자 마주하고 혼자 싸우고 승리와 패배의 결과를 혼자만의 것으로 여기는 한국사회의 학생과 청년들이 이러한 패배주의적 태도를 갖는 것은 이제 흔한 일이 되었습니다. 그런 습관적인 무력함을 부수고, 연대와 사랑과 애도의 능력을 회복한 개인들이 많아졌을 때 사회적 윤리의 기준도

1장 우리 안의 장벽

2019년 테러사건 직후 저신다 아던 총리는 참사 피해자들을 위로하기 위해 히잡을 쓰고 현장으로 달려갔다.

한 걸음 나아갈 수 있을 텐데요. 그렇다면 어떻게 연대와 사랑, 애도의 능력을 회복할 수 있을까요?

세상은 피해자를 어루만져주고 그들의 아픔에 공감할 때 한 발자국 더 나아갈 수 있습니다. 2019년 3월 15일, 뉴질랜드의 이슬람사원에서 총기 난사 테러가 발생했습니다. 범인은 SNS를 통해 이 현장을 생중계했고, 많은 사상자가 발생했습니다. 이 테러에 대응하는 뉴질랜드 정부의 태도는 우리 사회에 시사하는 바가 큽니다. 뉴질랜드의 저신다 아던 총리는 테러 발생 직후 자신의 종교가 이슬람이 아님에도 히잡을 쓰고 이슬람사원에 찾아가 피해자와 피해자의 가족을 안아주고 같이 눈물을 흘렸습니다. 이후 기자회견에서도 피해를 본 이슬람 신도들과 뉴질랜드가 하나라는 뜻을 전달하면서 "그들이 우리다"라고 말했죠. 테러범에 관해서는 "테러범은 악명을 얻기 위해서 공격을 자행했다. 그의 이름을 절대 부르지 않겠다"라면서 "그들(피해자들)은 우리이지만 그(테러범)는 우리가 아니다"라고 강력하게 말했습니다.

저신다 아던 총리의 행동이 우리에게 큰 의미로 다가오는 것은 테러가 사회를 패닉의 분위기로 빠뜨릴 위험의 상황에서, 피해자들에게 주목하며 우리 사회가 더불어 감싸 안아야 할 대상과 분노해야 할 대상을 분명하게 했다는 것입니다. 호주의 한 의원이 테러 사건과 관련하여 이슬람인을 공격하는 발언을 보이자 저신다 아던은 그 의원을 지탄하고, 테러 현장이 생중계되는 잔인한 콘텐츠에 빠른 대응을 하지 못한 SNS를 즉각 개선해 피해자에 대한 2차 피해 역시 최소화했습니다.

우리의 현실로 다시 돌아와 생각해봅니다. 학교에서 새로운 의견을 제시해도 명확하지 않은 이유로 받아들여지지 않고, 경쟁 때문에 학생들이 힘들어해도 달라지지 않는 모습, 정의롭지 못한 현실을 고발해도 보이지 않는 불이익으로 돌아오는 경우가 많은 상황에서는 정의로운 시민이 탄생하기 어렵습니다. 그런 교육을 받은 사람들이 또 다른 가해자가 되는 악순환이 반복될 뿐입니다. 경쟁에서 승리하지 않아도 나 자신을 긍정할 수 있고 타자를 경쟁자가 아닌 사랑의 대상으로 바라보며 우리의 노력이 무엇인가를 바꾸어낼 수 있다는 경험과 확신이 필요합니다.

[토론] 사회를 바꾸는 청소년들의 목소리

2003년 뉴질랜드에서 운전면허 시험을 강화했습니다. 청소년 운전자 사망률을 낮추기 위해서였는데, 그 목표는 성공했지만 예상치 못한 문제가 발생했습니다. 엄격한 기준 때문에 경제적으로 어렵거나 사회·문화적으로 소외된 청소년들이 아예 운전면허를 따지 않은 채 불법적으로 운전을 하게 된 것입니다. 그런데 그것으로 끝이 아니라, 불법운전면허로 적발된 청소년은 이후 지속적으로 문제 상황에 놓이게 되었습니다. 무거운 벌금을 내지 못해 범죄자로 전락하게 되거나, 이후에도 불법적으로 운전을 하거나, 운전하지 못하니 일자리를 얻기도 어려워지는 연쇄적인 문제들이 발생한 것이지요.

그렇다고 운전면허 시험을 쉽게 바꿀 수는 없는 일이었습니다. 이 문제의 근본 원인은 소외된 청소년이 있다는 사실에 있고, 안전하게 운전을 할 수 있도록 돕는 것은 사회적으로 중요한 일이라는 점을 동시에 해결해야 했습니다. 그래서 어려운 상황에 있는 청소년들이 운전을 배울 수 있도록 멘토링 프로그램을 운영했고, 시의 지원으로 경찰관이 조수석에 앉아 120시간 동안 청소년의 운전을 가르쳤지요. 어려운 상황에 있는 청소년에게 운전을 가르치는 간단한 아이디어였지만 또 다른 효과가 발생했습니다. 오랜 시간 함께 이야기하며 경찰관들과 이야기를 나눈 청소년들은 운전을 배우면서 사회적으로 긍정적인 역할을 할 수 있다는 용기를 얻게 되었고, 경찰관은 아이들이 겪는 어려운 상황을 이해하게 되면서 도움을 줄 수 있었습니다. 운전을 가르치는 일은 사회의 안전을 구축하는 데 큰 효과를 불러왔습니다.

이 사례는 사회 변화를 만드는 일이 매우 신중할 필요가 있다는 점을 알려줍니다. 중요한 목표가 있다고 해도, 그 결과 예상치 못한 문제가 발생할 수도 있지요. 하지만, 문제의 근원을 파악하고 그 중심에 '사람', '지속가능성', '보편성' 등의 가치를 둘 때, 반대로 예기치 못한 긍정적인 변화 또한 만들 수 있습니다. 단순히 어떤 제도가 잘못되었다고 바꾸는 것이 아니라, 정말 이루어내고 싶은 근본적인 변화가 무엇인지 생각하는 힘은 소외된 사람 없이, 모두에게 이로운 변화를 만들어낼 수 있습니다.

청소년은 사회를 구성하는 중요한 일원이고, 앞으로의 사회가 어떤 모습을 할 것인지를 결정하는 매우 중요한 주체입니다. 하지만 학업 경쟁에 몰두하느라 사회 변화의 주체가 되기보다는 내가 살고 싶은 사회의 모습을 꿈꾸는 것조차 못하는 경우가 많습니다. 서로를 점수 매기고, 그 점수에 따라 차별하고 미워하며 무시하는 친구들도 있습니다. 어떤 문제에 대한 해결책이 누군가에게 불이익을 주는 결과를 초래할 때, 앞서 보았던 사례처럼 소외된 자들을 포함할 수 있는 보완의 아이디어가 나와야 마땅할 텐데 그 대상이 약자이거나 소수자이면 그냥 넘어가는 경우가 생기는 이유도 바로 우리가 서로를 불평등한 관계로 바라보기 때문이 아닐까 생각합니다.

뉴질랜드의 사례는 '청소년들의 안전'이라는 가치를 실현하고자 다양한 시도를 했다는 점에서 많은 영감을 줍니다. 이를 통해 사회의 문제를 해결하기 위해서 우리가 가장 먼저 해야 할 일은 모두에게 더 나은 세상을 살아갈 권리가 있다고 믿는 것, 다시 말해 차별과 배제가 없는 세상의 모습을 상상하는 일이라는 사실을 알 수 있습니다. 모두에게 이로운 변화가 가능하다는 믿음을 바탕으로 한 사회적 시도는 예상치 못했던 긍정적인 변화 역시 가져올 것입니다. 경쟁 구도 속에 누가 더 잘하는지, 누가 더 이익을 보고 손해를 볼지 따지는 것이 아니라, 모두가 자유롭고 안전하며 행복한 사회를 꿈꿀 수 있어야 하지 않을까요? "청소년들이 안전하게 운전할 수 있는 사회", "까다로워진 운전면허 시험을 형편상 치지 못하는 청소년이 없는 사회"를 만들기 위한 뉴질랜드의 섬세한 사회 제도처럼, 혐오와 차별이 없는 우정과 공생의 세계를 만들기 위해 가장 중요한 가치와 원칙은 무엇일까요? 그리고 이를 실현하기 위해 고려해야 할 점은 무엇일까요? 함께 고민해봅시다. 우리가 다 같이 만들어갈 행복하고 정의로운 세상을 꿈꾸면서 말이지요.

모두를 위한 급식

김도훈, 민성우, 박혜민, 이우창, 정윤진(14세), 김학철(15세), 최준영(16세)

●● 급식과 환경 문제는 어떻게 연결되어 있을까?

인간의 음식을 만들어내기 위해 과도한 자원이 사용되고 있다는 것은 누구나 아는 사실입니다. 그렇게 만들어진 음식물이 모든 사람에게 가닿을 수 있다면 그나마 다행이지만, 그렇지도 못해 많은 양의 음식물이 버려지고 있습니다.

문득 학생으로서 가장 자주 접하는 음식인 급식이 떠올랐습니다. 급식을 먹고 남은 잔반을 버릴 때면 잔반통은 늘 가득 차 있었습니다. 그도 그럴 것이 저와 친구들은 맛있는 것이 있으면 더 찾아 먹지만 맛없는 것은 손도 대지 않고 버릴 때가 많습니다. 급식의 메뉴가 모두 맛이 없는 것이라면 점심시간에 몰래 잠깐 나가 근처 분식집에서 밥을 먹기도 하고, 교내에 매점이 있으면 매점에서 빵이나 과자를 대신 사 먹기도 했습니다. 매달 식단표를 받으며 급식에 대해서 이러쿵저러쿵 이야기는 많이 해왔지만, 급식을 먹고 남는 잔반에 대해서 제대로 생각해본 적이 없었습니다.

2019년 한 해 서울 지역의 학교에서 버려진 음식물쓰레기만 34,262,709kg이라고 합니다. 상상이 잘 안되는 수치인데요. 이 음식물쓰레기를 처리하기 위한 비용만 5,877,647,000원이라고 합니다.

전국의 학교를 모두 합치면 얼마나 될까요? 물론 잔반을 줄이기 위해 학교도 노력을 하는 걸 압니다. 수요일은 다 먹는 날이라든지, 아주 가끔이나마 영양사 선생님께 급식에 대한 의견을 낼 기회도 있습니다. 하지만 이것으로는 충분하지 않습니다.

급식 잔반과 관련해서 정보를 찾아보다 2021학년도 학교급식 기본방향에서 '곡류, 식용유, 통조림 등 상온에서 보관 가능한 것을 제외한 육류, 어패류, 야채류 등의 신선식품 및 냉장·냉동식품은 당일 구매하여 당일 사용', '반찬, 후식 등 교외 반출 및 잔반 기부와 판매 금지' 이러한 내용을 보았습니다. 모두가 민감할 수밖에 없는 밥에 대한 문제이니 위생관리를 철저하게 해야 하는 부분은 이해합니다. 하지만 당일에 사용하지 못한 식품이나 손도 대지 않은 깔끔한 잔반을 버려야만 하는 부분은 문제라고 생각합니다.

어떻게 하면 잔반을 줄이고, 조금 더 환경친화적인 학교 급식을 만들 수 있을까요?

●● 잔반 줄이기

　서울학교보건진흥원에서 만든 '학교급식 음식물쓰레기 감량화 매뉴얼'을 보면 급식을 식단계획, 구매, 검수, 전처리, 절단, 조리, 배식, 급식, 잔반 모으기, 음식물쓰레기 정리라는 10단계로 구분합니다. 잔반을 줄이기 위한 첫 시작은 바로 식단 계획이라는 점이 눈에 띄는데요. 처음부터 학생의 선호를 반영할 수 있으면 잔반은 저절로 줄어들 것이라는 얘기죠.

　학교별로 급식만족도조사나 급식 메뉴 선호 조사 같은 것을 하는 곳도 있고, 하지 않는 곳도 있습니다. 하더라도 학생의 의견이 얼마나 반영되는지 의문스럽습니다. 모든 학교에서 급식만족도조사나 급식 메뉴에 대한 학생의 선호 조사를 한 학기에 2회씩 하는 것을 의무로 하였으면 합니다. 학생과 소통하는 것을 힘든 일로만 치부하지 않고, 급식 식단계획부터 음식물쓰레기 정리까지 차근차근 배울 수 있는 시간이 있으면 좋겠습니다. 이것 또한 교육이기 때문입니다.

　또한 채식에 대해서도 함께 배울 수 있길 바랍니다. 환경 문제가 지구 온난화에서 기후변화, 기후위기까지 이어져 오는 지금, 이 때문에 채식을 선택하는 사람들이 늘고 있습니다. 하지만 채식은 식단을 계획할 때에 배제되는 경우가 많습니다. 채식하는 학생과 선생님들이 학교 급식에서 밥 외에는 먹을 것이 없다고 합니다. 이에 서울시 교육청과 울산시 교육청은 각각 채식 급식을 도입했습니다. 이러한 정책이 특정한 지역에만 갇혀 있으면 안된다고 생각합니다.

　채식은 오로지 채식주의자를 위한 식단이 아닙니다. 소화를 잘하지 못하는 학생이나 우유나 밀가루 알레르기가 있는 학생, 점점 늘어나는 다문화 학생을 위한 배려가 될 수 있습니다.

코로나19로 학교에 오지 못하는 학생들을 위해 도시락을 배달한 웨스턴 초등학교의 젠 포울스 교감 선생님

● ● 잔반 나누기

영국 그림즈비 지역의 웨스턴 초등학교 젠 포울스 교감 선생님은 18kg의 배낭을 메고 학생들에게 도시락을 배달했습니다. 작년 코로나19의 시작 때부터, 2021년 5월까지 1년이 넘는 기간을 그런 노력을 하셨는데요. 그림즈비 지역은 빈곤층의 비율이 높아 결식아동이 많기 때문이었습니다. 이 이야기를 들으며 우리나라 학교와 학생들을 떠올렸습니다.

가난이 드러나지 않는 사회라고 하지만 학교에서 급식을 먹지 않으면 밥을 제대로 챙겨 먹기 힘든 학생들도 분명히 있을 것입니다. 그 학생들은 그동안 어떻게 밥을 먹었을까요? 수업 일수에 전전긍긍하지만 말고, 젠 포울스 선생님처럼 '어떻게 하면 아이들이 밥을 굶지 않을 수 있을지' 고민해봤으면 합니다.

배식되지 않은 깨끗한 잔반의 경우에는 사회 환원이 가능하리라 생각합니다. 사정이 어려운 학생들에게 나눠 주거나 푸드뱅크 같은 곳에 기부를 할 수도 있습니다. 사실, 서울시 교육청의 경우 급식 잔반을 푸드뱅크에 기부하는 것은 가능하다고 되어 있지만 실제로 기부를 한 사례는 찾아보기 어려웠습니다.

●● 플라스틱 없는 급식은 가능할까?

더 나아가 플라스틱 없는 급식을 제안하고 싶습니다. 플라스틱을 쓰는 것은 한 번이지만 썩는 데에는 400년이라는 시간이 걸립니다. 우리가 아무렇지 않게 쓴 플라스틱은 기후위기의 주범입니다. 플라스틱 제조를 위한 화석 연료 추출, 운송, 정제, 제조, 폐기 과정에서 막대한 온실가스가 배출되기 때문입니다.

급식에 플라스틱이 쓰이지 않도록 해야 합니다. 학교에서 후식으로 요구르트나 젤리 같은 것을 줄 때가 있는데 그것은 모두 플라스틱으로 포장되어 있습니다. 저희가 다니는 중학교에는 보통 한 학년에 여섯 반, 한 반에는 30명 정도 있습니다. 그럼 대략 학교에 540명 정도 있는 것입니다. 만약에 학교에서 급식으로 요구르트가 나온다면 요구르트 용기는 하루에 600개 정도(교직원 포함) 버려집니다.

어쩔 수 없이 플라스틱으로 포장된 것을 사야만 한다면 개별포장이 아닌 대용량으로 포장된 것을 구매했으면 합니다. 배식하는 데 추가적인 어려움이 생기는 경우에는 학생 자원봉사를 받아 노동을 나눌 수 있으리라 생각합니다.

●● 밥에 대한 배움도 필요해!

학교는 작은 사회라고 이야기합니다. 그만큼 청소년들에게 중요한 배움의 공간이라는 뜻일 텐데요. 배움은 다양하게 이루어지는 것이고, 밥에 대한 배움도 중요합니다. 나의 입에 들어가는 것이 어디서 왔고, 어떻게 만들어지고, 최종적으로는 어떻게 버려지는지 알 수 있어야 합니다. 그러한 과정을 거치며 먹는 것에 대한 소중함과 밥을 만드는 분들에 대한 감사함을 배우는 일은 인생을 배우는 일이라고 생각합니다. 이를 통해 단순히 메뉴만 보고 '맛있는 것', '맛없는 것'으로 나누는 게 아니라 우리의 밥이 어디서부터, 어디까지 연결되는지 상상하고, 우리의 선택과 실천이 가져올 선한 영향력을 실감할 수 있는 교육이 되길 희망합니다.

연대와 공감의 생태 교육은 새로운 상상력을 불어넣을 수 있습니다. 세상에는 참 많은 문제가 있습니다. 이 문제를 해결하기 위해 어른이 되길 기약하는 것이 아니라 지금 있는 나의 자리에서 이 지구와 사회의 구성원으로 함께 할 수 있는 방법을 찾고 싶습니다. 거대한 문제를 해결하기 위해 거대한 해결책이 필요하다고 생각하지 않습니다. 급식의 잔반을 줄이고, 나누는 일은 단순하지만, 눈앞의 문제를 해결하기 위한 실마리가 될 수 있습니다. 환경 문제, 비용 문제, 사회 문제에 함께 접근할 수 있습니다. 더불어 이를 통해 학생들도 무력감에서 벗어나 사회의 구성원으로서 새로운 희망을 만들어 갈 수 있을 것입니다.

급식의 변화는 지역의 농업을 포함한 산업 전체의 변화를 일으킬 수 있다.

•• 대안 정책들을 찾아서

잔반을 줄이기 위해 전국의 교육청과 학교는 조금씩 다르지만 기본적인 지침을 따르고 있습니다. 하지만 학교 현장에서 이 지침을 피부로 느끼기는 어렵습니다. 학생의 메뉴 기호도 조사를 하더라도 얼마나 반영되고 있는지 잘 알지 못하고, "잔반통 없는 날"의 실효성은 의문입니다. 음식물쓰레기는 재활용되고 있지 못하고, 음식물쓰레기를 줄이기 위한 교육이나 홍보는 간간이 붙어 있는 포스터 외에는 접해본 적이 없습니다.

채식 급식과 관련해서는 현재 전국의 다양한 지역에서 채식 급식을 도입하여 시행하고 있거나 시범 사업 중에 있습니다. 2021년에 '부산광역시교육청 학교 채식급식 활성화에 관한 조례'가 통과된 이후, 월 1회 이상 채식 급식을 권장하고 있다고 합니다.

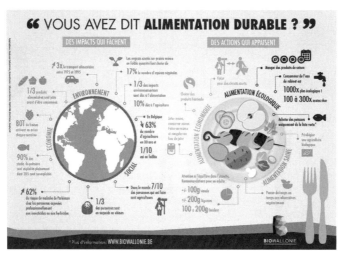

프랑스 파리에서 실시하는 지속가능한 식품 계획

하지만 중요한 지점은 부산시 청소년으로 이루어진 저희 팀이 월 1회 채식 급식이라는 제도를 이번에 자료를 찾으면서 처음 알게 되었다는 사실입니다. 저희뿐만 아니라 이 사실을 아는 친구들이 주변에 거의 없었습니다. 채식 급식의 도입은 기쁜 일이나 채식 급식이 왜 필요한지, 사회문화적인 필요성과 밥과 기후위기의 연관성을 배우지 못하는 것은 큰 문제입니다. 이러한 소통의 부재는 채식 급식에 대한 편견과 불안감을 키우는 것이고, 이를 통해 학생과 교직원의 인식개선을 이루어 낼 수 없습니다.

기후위기와 더불어 환경 문제에서 중요하게 다루어지는 것은 플라스틱 사용 줄이기입니다. 조리의 경우 그 특성상 위생과 안전을 이유로 플라스틱이나 일회용품을 많이 사용합니다. 대량으로 구매해야만 하는 급식의 특성을 생각한다면, 일회용품을 쓰지 않는 것만으로도 큰 변화를 만들 수 있습니다. 현재 급식과 관련해 위생과 안전의 문제로 플라스틱 조리 기구를 쓰지 말라는 지침은 있지만 환경 문제와 연관하여 플라스틱을 줄이기 위한 정책은 찾아보기 어려웠습니다.

대신 다른 국가의 사례를 찾아보았습니다. 프랑스 파리의 경우 '2021-2026 지속가능한 식품 계획(Le plan alimentation durable)'을 시작했습니다. 시립 단체식당(어린이집, 학교급식, 사회보호센터, 양로원 등)에 제공되는 연간 3천만 끼가 지속가능한 식품 비율 53.1%로 제공되고 있습니다. 특히 어린이집의 경우 73%가 지속가능한 식품이라고 하는데요. 여기서 지속가능한 식품이란 유기농, 지역품, 제철품, 국가인증우수제품, 해양관리위원회 인증 제품으로 환경을 보호하고, 동물의 생명을 존중할 수 있는 식품을 말합니다. 더불어 이 계획에는 주 2회 채식 메뉴 제공과 가공식품 및 음식물 쓰레기 줄이기, 플라스틱 사용 금지 등이 포함되어 있습니다. 2026년까지 1,300개 시립 단체식당에서 사용 중인 플라스틱 식품 용기 및 주방 기구를 교체할 계획이라고 합니다. 이미 어린이집에서는 2020년 9월부터 플라스틱 식기를 주문할 수 없어 어린이용 강화유리와 성인용 세라믹으로 된 식기를 사용하고 있고, 2022년까지 플라스틱 포장도 금지됩니다.

유기농과 지역품 사용, 채식 급식 도입 등 우리나라에서도 좋은 사례를 도입하고 있습니다. 이러한 변화와 함께 플라스틱 사용을 줄여나가는 정책 또한 함께 도입되길 바랍니다.

● ● 변화는 작은 실천에서부터 시작한다

'급식 음식물쓰레기를 줄이면 기후위기에 도움이 되지 않을까?'라는 작은 질문으로 이 기획이 시작되었습니다. 저희와 가장 밀접한 급식 문제를 사회의 여러 문제와 연결지어 생각할 수 있다는 게 신기하게 느껴졌습니다. 그 연결 지점들을 조사하고 알아가는 게 재미있었습니다. 사실 처음에는 '이게 가능할까?'라는 의문이 있었는데, 조금씩 자료를 찾고 의견을 모으며 정말로 가능하겠다는 믿음이 생겼습니다.

급식 문제를 이야기하니 학교의 급식소와 급식, 잔반통이 정말 다르게 보였습니다. 급식이 바뀔 수 있다면 학교나 집, 사회의 다른 공간들도 바꿔나갈 수 있겠다는 생각이 들었고, 주변을 더 세심하게 바라보게 되었습니다.

기획서를 쓰고, 설문지 질문을 만들고, 인터뷰 요청을 드리고, 인터뷰를 진행하고 또다시 정리하는 모든 과정이 정말 새롭고 쉽지 않았습니다. 그렇지만 모두가 떨어져 있어야만 하는 코로나 시대에 이렇게 함께 프로젝트를 하는 시간이 참 소중했고, 가장 중요한 배움은 우리 스스로 변화를 만들어 낼 수 있다는 믿음을 가질 수 있었다는 점입니다. 그렇게 팀원들 스스로 급식을 남기지 않기 위해 노력하고, 자발적으로 고민하는 변화 지점이 있었습니다. 저희의 문제의식이 더 많은 사람에게 가닿아 실제로 변화를 만들어 낼 때까지 끊임없이 노력하겠습니다!

우리 삶에서 필요한 것을 배우는 학교 만들기

김다민, 박시은, 이재경, 정시우(15세), 최승원(16세)

●● 코로나 시대, 공생의 삶을 위한 환경 교육이 필요합니다

코로나 시대 우리는 매일 아침 새 마스크 봉지를 뜯습니다. 시장에 가는 대신 온라인 쇼핑몰에서 장을 보고 택배로 받습니다. 집에서 직접 음식을 해 먹거나 외식하기보다는 배달음식을 주문해서 먹는 것이 더 익숙합니다. 우리가 이런 생활을 하는 동안, 소각장에서는 코로나19로 인해 폭발적으로 늘어난 생활 폐기물을 처리하느라 과부하가 걸릴 지경이고, 재활용 업체들은 어려움을 호소하고 있습니다. 경기도 전체 소각장의 절반가량이 노후화 단계로 진입했고, 수도권 매립지의 사용 기간이 끝나가면서 쓰레기를 묻을 수도 없게 되어버렸다고 합니다. 쓰레기를 처리할 수 없는 상황까지 이르렀다면 이 문제는 시급하게 해결해야 합니다. 그렇지 않다면 미래가 없을 것입니다.

오늘날 청소년이 가장 중요하게 배우고 공부해야 할 것은 환경이라고 생각합니다. 2015 개정 교육과정에는 "환경" 교과가 포함되어 있습니다. 하지만 중학교 교육과정에서 "환경" 교과는 수업 시수가 정해져 있지 않습니다. 학교에 따라 수업하는 학교도 있고, 수업하지 않는 학교도 있습니다. 환경 교과는 필수

부모 알바트로스는 새끼에게 물어다 준 먹이가 플라스틱이라는 사실을 알지 못한다. ©Chris Jordan

교과가 아닌 선택 교과에 불과하며 환경 교과를 가르칠 수 있는 교사도 턱없이 부족합니다.

● ● 공생의 삶이 중요하다는 것을 배우지 못하는 교실

환경 교육을 하지 않는 것뿐만이 아닙니다. 사실 학교에서는 공생의 삶을 배우기가 어렵습니다. 친구와 친하게 지내고 싶어도 학교에서 치는 중간고사와 기말고사 등 여러 가지 시험은 친구까지 적으로 만든다는 생각이 들 때가 있습니다. 시험은 학교 공부를 얼마나 성실히 했는지 평가하는 지표입니다. 하지만 학교에서는 시험 성적이 제일 중요한 듯 보입니다. 우리는 학교 성적에 따라 줄 세워지고, 어떤 선생님들도 학생을 등수로 비교하는 것 같습니다.

그러니 공생보다는 경쟁에서 내 성적을 올리는 것이 더 중요합니다. 2015 개정 교육과정에서는 교육과정 구성의 중점을 다음과 같이 서술하고 있습니다. "이 교육과정은 우리나라 교육과정이 추구해 온 교육 이념과 인간상을 바탕으로, 미래 사회가 요구하는 핵심역량을 함양하여 바른 인성을 갖춘 창의융합형 인재를 양성하는 데에 중점을 둔다." 미래 사회가 요구하는 핵심역량의 함양은 무엇일까요? 시험 문제를 잘 맞히는 것인가요? 우리 삶의 기본이 되는 것을 학교에서 가르쳐준다면 더 좋지 않을까요? 교육과정에서 교과에 대한 학습과 평가에 대해서는 집중적으로 다루고 있지만 이것이 우리의 삶과 어떻게 연관이 되어 있는지, 어떤 연결고리가 있는지 설명해주지 않고 있습니다. 대표적인 예시로 환경 교육이 있습니다. 많은 학교에서 학생들이 흥미를 갖기 어려운 내용의 환경 수업을 하고 있다고 생각합니다. 우리 시대에 일어나는 큰 문제이지만, 제대로 배우지 않아 알고 있는 학생도 없어 환경오염에 대해 아무렇지 않게 생각하는 것 같습니다. 저희는 환경 교육은 정보 위주의 것이 아니라, 마음으로 공감하고 진심으로 느낄 수 있는 교육이어야 한다고 생각합니다. 그 이유는 생명과 직결되었기 때문입니다.

예를 들어, 예술가 크리스 조던은 태평양 한가운데 위치한 미드웨이섬에 서식하는 새 알바트로스가 플라스틱을 먹고 죽어가는 모습을 사진과 영화에 담았습니다. 인간이 버린 플라스틱으로 고통받고 있음을 적나라하게 보여주는 사진과 영화를 보면, 환경을 위한 조그만 실천이라도 하려고 노력하게 되는데요. 알바트로스와 그들이 살고 있는 태평양의 아름다운 모습과, 인간이 만든 쓰레기의 모습이 대조되어 무엇이 진짜 우리가 지켜야 할 것인지 자연스럽게 깨우치게 합니다. 이처럼 우리에게는 마음으로 배울 수 있는 교육이 필요합니다.

파리시가 2050년까지 완공을 목표로 한 스마트시티의 모습 ⓒVincent Callebaut Architectures

●●● 우리 생활에 꼭 필요한 수업은 무엇일까요?

학교에서 내가 잘하는 것이 무엇인지 알고, 어떻게 하면 친구들과 우정을 잘 나눌 수 있는지, 가족들과 소통하고 대화하는 방법은 무엇인지 생각할 수 있는 시간이 있으면 어떨까요? 경쟁보다는 협력하고, 공생의 방법도 고민해보고, 다양한 친구들과 의견을 나누는 시간이 있으면 좋겠습니다. 그리고 생활에서 필요한 기본적인 것들도 배우고 싶습니다. 재난이 일어났을 때 어떻게 대피해야 하는가, 불이 났을 때 어떻게 불을 끌 수 있을까와 같은 것들은 생활에서 모르면 안됩니다. 하지만 학교에서는 이것을 영상과 자료로만 설명합니다. 그러니 대부분 학생이 물건 사용 방법, 대처법을 잘 모릅니다. 드문 경우로 직접 체험을 하는 학교도 모두가 체험하진 못하고 반장, 부반장 등이 반 대표로 체험하는 경우가 많습니다.

정말 중요한 것인데도 불구하고 학생들이 간접 체험조차도 하지 못하는 것은 문제적 상황입니다. 그리고 먹고사는 데 필요한 요리는, 학교에서 실과나 가정 시간에 포함되어 있지만, 요리법을 수학 공식처럼 딱딱하고 지루하게 배울 때가 많습니다. 음식의 재료는 어떻게 손질해야 하는지, 밥을 어떻게 지어야 하는지 기본적으로 밥 한 끼 차리는 방법은 배워야 합니다. 이는 새로운 교육 과정이 필요한 것이 아닙니다. 이미 있는 교과과정을 활용해서 시간만 조금 더 쓰면 됩니다. 한 사람, 한 사람이 이 수업에 빠지지 않도록 하고, 수업 전 아침 시간을 활용해서 10~20분이라도 삶의 기술을 배우는 수업을 하면 좋겠습니다.

●● 수업에 대한 의견을 학교 교과목에 반영해주세요

학교와 수업이 학생들을 위한 것이라면 학생들이 앞으로 살아갈 삶에 대한 준비가 필요합니다. 그리고 학생들이 필요로 하는 공부에 대해서도 귀 기울일 필요가 있습니다. 청소년 중에 학교와 수업에 대해 다양한 의견을 가지고 있는 경우가 많지만, 학교 수업이나 교육과정에 의견을 제안할 수 있는 방법이 거의 없고 용기 내서 제안하더라도 반영될 가능성이 매우 낮습니다. 청소년 사회 참여 온라인 플랫폼 등을 만들어 청소년의 목소리가 교육의 장에 실질적으로 반영될 수 있도록 해야 합니다. 청소년 스스로 문제점을 찾고 더 나은 방법을 고민하고 제시하고 그것이 반영되는 일련의 과정이 가능해진다면 청소년은 더욱 성숙한 민주시민으로 성장할 수 있을 것입니다. 또한, 학교는 민주주의를 실천하는 공간이 될 수 있을 것입니다.

공감하는 교육이 세상을 바꾼다

정재화(14세), 백주원, 정찬영(15세), 이채원, 최현우(16세)

●● 청소년 범죄 무엇이 문제인가요?

최근 몇 년 동안 청소년이 저지른 범죄에 대한 뉴스가 많았습니다. 또래 친구를 상대로 흉악한 범죄를 저지르는 것뿐만 아니라 자신들의 범죄 현장을 사진이나 동영상으로 촬영해 SNS에 올리고 공유하며 피해자를 조롱하고, 범죄 사실을 자랑하는 듯한 모습을 보여주기까지 했습니다. 이에 따라 소년법 개정이나 폐지에 대한 논란도 멈추지 않고 있습니다. 그러나 중요한 것은 어떻게 청소년 범죄를 예방할 것인가입니다.

학교에서 범죄예방 교육은 꾸준히 진행되어 왔습니다. 최근에는 웹드라마 형식의 학교폭력 근절 영상을 보기도 하고, 비대면 수업에 따라 온라인 강의도 들었습니다. 그러나 막상 교육을 받는 순간을 떠올려보면 수업에 집중하는 친구들을 찾아보기 어렵습니다. 매번 같은 영상을 보는 것도 지루하고 현실과는 동떨어진 웹드라마를 보는 것도 그리 의미 있는 것 같지 않습니다. 범죄예방 교육자료를 보는 시간에는 학원 숙제를 하거나 엎드려 자는 친구들도 있습니다. 수업을 듣는 친구들도, 선생님들도 범죄예방 교육 시간을 중요하거나 소중하게 생각하지 않는 것 같습니다.

그러나 최근 3년간 만 14~15세 범죄 비율이 5.7% 증가했고, 만 10~13세 촉법소년 범죄 비율도 지속적으로 증가하고 있다고 합니다. 특히 만 10~19세 청소년 사이버 범죄는 코로나19 발생 이후로 큰 폭으로 증가하고 있다고 합니다. 청소년 범죄 동향에 따라 예방 교육 또한 변화해야 합니다.

●● 다른 나라들의 교육은 어떻게 이루어지고 있을까?

다른 나라의 경우에는 학교폭력과 청소년 범죄예방을 위해 어떤 교육을 하고 있는지 살펴봤습니다. 미국 캘리포니아주에서는 유치원 과정에서부터 학교폭력에 대한 예방 교육을 의무화하고 있다고 합니다. 그리고 '동료중재프로그램(Peer Mediation Program)'이라는 별도의 또래 중재 프로그램을 통해 학생들 스스로 갈등을 해결할 수 있도록 돕고 있습니다. 노르웨이에서는 학교폭력 예방 교육을 어린 시절부터 체계적으로 운영하고 있습니다. 초등학교 1학년 때부터 학교폭력 예방 프로그램을 집중적으로 이수하며, 폭력을 보면 반사적으로 '스톱(Stop)'을 합창하고, 학급 회의를 수시로 개최하고 학교폭력에 대한 논의를 다루면서 학생 스스로 폭력에 대한 방관자가 되지 않도록 교육한다고 합니다. 무엇보다 정부, 학교, 부모, 미디어 등 모든 사회 구성원이 힘을 합쳐 학교폭력 근절을 위해 노력하는 등 전국민적으로 학교폭력 예방에 대한 공감대가 형성되어 있다고 합니다. 독일의 경우는 '폭력 예방 네트워크'를 가동하고 있습니다. 정부 외 연구소, 경찰, 교수, 민간인 등이 공동 참여해, 경찰과 교육사, 사회교육사 등으로 이루어진 전문팀이 학교폭력 예방 교육을 실시하고 있습니다.

●● 공감하는 교육이 필요합니다

해외의 사례들을 찾아보고 우리나라의 범죄예방 교육을 돌아보니 몇 가지 문제점을 알 수 있었습니다. 첫째로, 우리나라의 경우에는 범죄예방 교육을 학교에서 체계적으로 다루지 않는다는 것입니다. 범죄예방 교육도 초등학교, 중학교, 고등학교를 거치며 체계적인 과정을 통해 이루어져야 합니다. 노르웨이 청소년들 간에 학교폭력은 옳지 않고 방관해서는 안 된다는 인식이 잘 자리 잡은 이유는 어린 시절부터 학교폭력 예방에 대한 체계적인 교육이 이루어졌기 때문입니다. 둘째로, 청소년 범죄예방에 대한 사회적 연계가 부족합니다. 청소년 범죄예방을 오로지 학교의 몫, 혹은 부모의 몫, 청소년 개인의 몫으로 여겨서는 안됩니다. 모두가 청소년들의 범죄를 예방하고 폭력을 막고자 하는 마음으로 연대해야만 합니다.

마지막으로, 변화하는 시대에 따라 범죄예방 교육도 변화해야 합니다. 우리는 자주 보는 유튜브, SNS, TV 예능 속에서 배웠던 말투, 행동, 언어들을 아무런 고민 없이 쓰고 있는 경우가 많습니다. 차별하고 혐오하는 표현에 대해서 제대로 알지 못하는 것입니다. 이런 폭력적인 표현들로부터 상처받는 사람들에게 공감할 수 있는 교육이 필요합니다. 실제 사건을 재구성해서 피해자와 가해자의 입장을 생각해보고 우리가 스스로 판단할 수 있는 모의재판 형식의 체험도 좋겠습니다. 또는 경찰관이나 실제 법과 관련된 분야에서 일하는 분들이 강사님으로 와서 내가 하는 이런 행동, 말투, 언어가 폭력인지 아닌지를 조금 더 사실적으로 이야기해 준다면 청소년들의 마음속에 작고 힘찬 희망의 새싹을 틔울 수 있을 것 같습니다.

2장

공감과 연대를 위한 상상력

Doing ●●●●●●●●

여러분은 어릴 적 들었거나 읽었던 이야기 중 어떤 이야기가 가장 기억에 남나요? 어린 시절 우리의 마음속에는 이야기가 가득했습니다. 그런 이야기들을 통해 우리는 눈앞에 보이는 현실과 전혀 다른 세상을 상상하고 꿈꾸면서 행복한 여행을 떠나곤 했습니다.

우리는 모두 훌륭한 독자이자 이야기꾼입니다. 이야기는 그 누구도 볼 수 없었던 새로운 공간을 만들어 냅니다. 그 공간에서는 현실에서 잘 보이지 않거나 들리지 않는 존재들이 주인공이 되기도 합니다. 이를 통해 우리의 일상 속 약하고 고통받는 존재에 대해 새로운 관심이 생기기도 하고, 부조리한 사건을 발견하기도 하고, 잘 알지 못했던 작은 생명에 대해 이해할 수 있게 되지요.

여기 좋은 예시가 하나 있습니다. 바로 토토로 숲 이야기입니다. 1991년 일본에서는 토토로의 숲을 지키기 위한 대대적인 시민운동이 일어났습니다. 80년대 개발 광풍으로 수많은 숲이 사라질 위기에 처하자, 시민들이 "토토로가 살고 있는 숲을 지키자"라고 목소리를 낸 것입니다. 1988년에 개봉해 많은 사랑을 받은 애니메이션 <이웃집 토토로>의 주인공인 도토리나무 정령 토토로를 진심으로 사랑했던 어린이들은 숲이 사라지면 토토로가 위험해진다고 생각했고, 아이들은 토토로가 사는 숲을 지켜달라고 일본 전역에서 편지를 보냈습니다. 이는 한 평 땅 사기 운동으로 이어져 당시 1억 엔이 모금되었고, 다행히 토토로가 산다고 믿었던 도쿄의 사야마 숲은 보존될 수 있었습니다.

토토로의 숲을 지켜낸 것은 이야기의 힘입니다. 인간이 마음대로 개발해도 되고 그 땅을 이용해 돈을 벌어보겠다는 수단으로 숲을 바라보는 것이 아니라, 도토리를 좋아하는 정령이 사는 곳, 하늘을 자유롭게 날아다니며 세상을 신나는 곳으로 만들어 줄 정령이 우리를 기다리는 곳으로 숲을 바라볼 수 있게 만들어 주는 힘이 바로 이야기의 힘입니다. 토토로 숲처럼 우리가 살아가는 모든 세상은 이야기로 이루어져 있습니다. 인간의 끝없는 욕심 때문에 세상에는 끝없이 많은 문제가 생기지만, 더 행복하고 자유로운 삶이 가능하다는 것을 알려주는 이야기가 우리에게 필요하지 않을까요? 적어도 이야기 속에서 지켜져야 할 삶의 아름다운 가치들이 살아 숨 쉰다면 우리는 그 이야기를 닮은 세상을 조금씩 만들어갈 수 있지 않을까요?

아무리 과학 기술이 발전한다고 해도, 우리가 이 세상에서 일어나는 모든 일을 이해할 수는 없습니다. 인간의 그러한 한계를 메우는 것이 바로 '상상력'입니다. 내 옆에 있는 사람이 느끼는 고통에 대해 다 느낄 수 없지만 상상해보는 것을 우리는 공감이라 부르고, 과거에 이미 일어난 일이기에 경험할 수 없지만 머릿속으로 다시 그려보는 것을 우리는 역사에 대한 이해라고 부릅니다. 말하자면 인간은 지금까지 자신이 가진 한계를 상상력을 발휘해 극복해온 것입니다. 그리고 이러한 상상력을 통해 새롭게 채워나간 이야기의 세계가 곧 우리가 살고 있는 세상입니다. 동굴에서 생활하던 1만 년 전의 인간은 사나운 야생동물과 예측하기 어려운 날씨에 대한 신화를 만들어 두려움을 극복했을 것이고, 깜깜한 밤 어디로 가야 할지 모르는 망망대해에 있었던 뱃사공들은 별들을 이어 새로운 지도를 만들며 기나긴 밤을 아름다운 시간으로 만들었을 것입니다. 이처럼 이야기는 눈앞에 직면한 두려움을 극복하게 하는 힘이기도 하고, 원하고 바라는 새로운 세계를 향해 나가게 하는 원동력이기도 합니다.

그렇기에 이야기를 공유하며 같은 꿈을 꾸는 것은 엄청난 힘을 가집니다. 어떤 세계를 상상하느냐는 곧 우리가 어떤 세계에 살게 될 것인지를 알 수 있는 나침반입니다. 그러므로 우리에게는 협력과 연대의 힘으로 우정과 공생의 세계로 나아가는 이야기가 더욱 절실합니다. 우리 함께 공감과 연대로 이어진 공생의 세계를 상상해봅시다. 바로 그 이야기는 수많은 위기와 충돌을 벗어나 평화롭고 행복한 삶을 향해 우리를 나아갈 수 있게 해줄 것입니다.

● ● ● ● ● ● ● ● Hope

1

새로운 세계를 여는 이야기

프랑스 소설가 조르주 페렉은 특정 문자를 배제하고 글을 쓰는 '리포그램
(lipogramme)'을 적용한 소설 『실종』을 1969년에 출간합니다. 이 소설에는
'e'가 쓰이지 않았는데, 너무 자연스러워서 이 소설 어디에도 'e'가 없다는
사실을 아무도 눈치채지 못했다고 합니다. 주의를 기울여 보지 않으면 알
아차리기도 어렵지만, 프랑스어에서 'e'를 쓰지 않고서 쓸 수 있는 단어는
전체 언어의 약 20%밖에 되지 않고, 그만큼 그 소설은 제약적인 상황에서
쓰여 사유의 한계가 있는 글이었을 것입니다.

조르주 페렉은 글을 쓰는 이유를 "사라진 세계를 잊지 않기 위해서, 그
리고 저항하기 위해서"라고 말했습니다. 조르주 페렉의 아버지는 제2차 세계
대전에서 전사했고, 어머니는 유대인수용소에서 목숨을 잃었습니다. 세계
(부모)가 사라졌고, 그 세계로부터 실종된 페렉이 그들을 잊지 않기 위해서
가장 흔하게 쓰는 단어인 'e'를 지운 채 소설을 쓴 것인데요. 3년 후 페렉은

2장 공감과 연대를 위한 상상력

『돌아온 사람들』이라는 소설을 출간했고, 이 소설의 모든 모음은 'e'로 바꾸어 쓰여 있습니다. 가장 많이 쓰이는 알파벳 'e'를 빼고 쓴 소설과, 또 모든 모음을 'e'로 바꾸어 쓴 소설을 통해 조르주 페렉은 무엇을 말하고 싶었을까요? 그것은 아마 우리 곁에 익숙하게 있지만 쉽게 잊을 수 있는 것들을 다시 주목하자는 메시지이자, 쉽게 잊어가는 세계에 저항하고자 함일 것입니다.

쉽게 잊힐 수 있는 것을 이야기한 한 철학자가 있습니다. 바로 프랑스 철학자 자크 데리다입니다. 데리다는 이분법적 사고에 반대한 철학자입니다. 데리다는 있는 것과 없는 것, 내면과 외면, 주관과 객관, 이성과 비이성 등 이분법적 사고를 버리고 무한한 차이들의 연속을 이야기하는 '해체주의자'였습니다. 데리다는 지금 현존하는 것(혹은 주되게 존재하는 것)이 절대 진리라고 하는 관념을 깨야 한다고 말합니다.

자크 데리다의 이론에 근거해서 생각하면 우리의 눈앞에 보이지 않는 것에 대해 생각하고, 이해할 수 없다고 여겨지는 것에 대해 말하는 것은 새로운 미래를 여는 가능성이 됩니다. 지금 눈에 보이는 것, 익숙한 것들에만 안주하고 나머지 것들을 생각하지 않는다는 것은, 고통받는 것들에 대한 공감을 포기하는 일이자 사유하는 행위를 포기하는 일입니다. 정치학자 한나 아렌트가 말했듯, 악의 평범성을 가능하게 하는 무사유(無思惟)의 탄생입니다. 잘 보이지 않고, 잘 들리지 않는, 즉 주류가 되지 못한 수많은 주변의 것들을 추방해버리는 행위가 바로 악인 것이지요.

생각의 힘은 바로 여기에 있습니다. 단순히 "생각하자"가 아니라 무엇을, 어떻게 기억하고, 상상하며, 그리워하고, 희망할 것인지가 우리의 선택과 행위와 삶을 구성합니다. 지금 당장 눈에 보이는 것만, 지금 낭장 중요하다고 여겨지는 것들만, 지금 당장 힘이 있고 우세하다고 판단한 것만 생각하는 것이 아니라, 주변으로 물러나 있는 것들, 자리를 잡지 못한 것들, 삶을 박탈당한 것들에 대해 생각하고 말하는 것. 그것이 바로 살아 있는 자의 책임이자 정의로 향하는 길이 아닐까 생각합니다.

방대한 양의 지식을 검색하고, 나열하고, 저장하는 기능은 이제 기계가 해내는 시대입니다. 현재까지 가장 많은 양을 처리할 수 있는 세계 최고의 슈퍼컴퓨터 IBM의 서밋은 1초에 20경2천조 번 계산이 가능하다고 하는데요. 얼마나 많은 양의 지식을 가지고 있느냐가 한 인간의 능력을 뜻하는 시대는 이미 지나갔습니다. 그 방대한 양의 정보를 무엇에, 언제, 어떻게 적용할지 결정할 수 있는 판단력과 정보와 정보 사이를 잇는 네트워크 능력, 그리고 새로운 세상을 상상하는 이야기의 힘이 인간을 살아남게 할 것입니다.

● 김수희(16세)

작가이자 사회 활동가, 무엇보다 신체적 장애를 극복한 인물로 유명한 헬렌 켈러는 아무것도 볼 수 없고 들을 수 없지만, 영혼의 창을 통해서 세상을 보고자 노력했습니다. 그 결과 '인류애'나 '생명', '평등', '다양성', '자유', '평화'와 같은 인류의 가장 오래되고 보편적인 가치를 소중히 여기고 지키기 위해 노력하는 삶의 태도를 갖게 되었습니다.

볼 수 있고 들을 수 있는 대부분의 사람은 마치 이 세상의 모든 것을 보고 들을 수 있는 것처럼 여기지만, 사실 그렇지 않습니다. 모든 인간은 개인마다 정도의 차이가 있지만 보고 듣고 느낄 수 있는 감각의 한계를 갖고 있습니다. 오히려 아예 보이지 않았던 헬렌 켈러는 그 한계를 겸허히 받아들이고 영혼의

헬렌 켈러

눈을 통해 세상을 바라보는 힘을 배우고 익혔습니다. 인간의 역사는 헬렌 켈러처럼 인간이 가진 한계를 겸허히 인정한 사람들이 이제까지 알지 못했던 세계를 보고 말하면서 바뀌어 왔다고 할 수 있습니다.

"나는 세계를 나의 조국으로 간주합니다. 그래서 내게는 어떤 전쟁이든 가족 간의 불화처럼 끔찍한 일입니다. 내게 진정한 애국심이란 사람들이 형제처럼 지내고 서로를 위하는 데에 그 본질이 있습니다." 『헬렌 켈러 평전』에서 발견한 헬렌 켈러의 말입니다. 현대 사회에 이런 마음을 지니고 있는 사람이 얼마나 있을까요? 요즘에 계속 일어나는 세계적인 문제들, 동양인 혐오나 국가 간

분쟁, 정치 세력 간의 다툼, 이유 모를 폭행 사건 등 무참한 일들이 벌어지고 있지만, 이 모든 일을 자기 가족의 일로 느끼고 관심을 가지는 사람은 많지 않습니다. 세상의 시끄러운 이야기로 받아들이는 사람이 더 많지요. 사람들은 서로가 서로를 분리시키고 무엇이든 나의 일이 아니라고 생각합니다. 결국 모두가 하나로 연결되어 있다는 것을 안다면, 서로를 향한 비난, 혐오, 불평, 불만이 쉽게 나올 수 없을 것입니다.

이렇게 서로를 분리해서 바라보게 된 것은 대부분의 국가가 자본주의 체제를 갖추고 그 국민들이 자본에 집착하다시피 높은 관심을 보이는 데 주요 원인이 있다고 생각합니다. 어떤 사람들은 돈 때문에 사람을 대하는 게 달라지고, 정당하지 않은 방법을 선택하기도 합니다. 돈이 마치 사람들의 눈을 가리는 눈가리개 같다는 생각이 들었습니다. 우리가 장기적인 이득을 생각하는 대신, 단기적인 이익만 생각하게 하니까요. 그래서 수많은 기업이 환경을 파괴하면서도 당장의 수익만 생각하고 장기적으로 인간들이 치르게 될, 즉 자신들이 치러야 할 뒷일은 생각하지 않는 것이겠지요? 이런 태도를 사람들 개개인이 모두 갖게 되어 돈 없는 사람을 무시하고, 반대로 돈 없는 이들은 돈 많은 이에게 분노하고 또 다른 분리가 생겨나게 됩니다. 결국 우리가 연대하고 하나라는 인식을 갖기 위해서는 이 시스템을 뛰어넘는 상상력을 가져야 합니다. 장기적인 안목을 가질 수 있도록, 나의 책임의 범위를 넓힐 수 있는 이야기가 필요합니다.

● 최준영(16세)

마크 트웨인의 『허클베리 핀의 모험』을 읽었습니다. 『허클베리 핀의 모험』은 술주정뱅이 아버지로부터 도망친 백인 아이 허클베리 핀과 주인에게서 도망친 노예 짐의 모험 이야기를 다루고 있습니다. 헉은 도망을 친 노예 짐을 신고

마크 트웨인

해야 한다는 죄책감에 시달리면서도, 동시에 짐을 자유인으로 만들어주기 위해 열심히 짐을 돕습니다. 헉이 법까지 어겨 가면서 짐을 도왔던 이유는 짐과 함께 모험하면서 자연스레 짐을 동등한 인간으로 바라보게 되었고, 이렇게 동등한 인간을 피부색으로 다르게 대우하는 당시의 법에 대한 의문을 느꼈기 때문이었습니다. 헉이 짐을 신고할지 말지 고민하는 일은 자신이 태어나서부터 배운 편견과 흑인에 대한 차별, 잘못된 법과 스스로 온몸으로 익힌 지식 사이의 갈등이었습니다. 마침내 헉은 자신이 온몸으로 배우고 느낀 것을 선택하기로 결정했고, 짐과 동등한 인간으로 마주 서며 동시에 짐을 돕기 위한 수고를 마다하지 않습니다.

이 작품이 시대를 건너, 문화와 지역적 차이를 넘어 많은 이들에게 울림을 줄 수 있었던 건 바로 이런 가치에 대한 질문 때문입니다. 우리는 헉과 같은 상황에 처했을 때, 과연 어떤 결정을 내릴 수 있을까요? 우리는 태어나 부모님으로부터, 학교로부터, 사회로부터 다양한 지식을 배웠고 또 법과 사회적 질서는 무엇이 옳은지 그른지를 이미 정하고 있습니다. 그러나 삶에서 우리에게 필요한 공부는 헉과 같은 상황에 처했을 때 어떤 선택이 옳은 선택인지 구별해낼 힘을 기르는 것일지도 모릅니다. 어떤 공부가 우리에게 그 선택을 할 수 있는 힘을 길러 주는 것일까요? 그런 선택의 기회가 왔을 때, 우리는 헉과 같이 사회가 강요하는 편견에 저항하고 더 정의로운 세계를 위한 선택을 할 수 있을까요?

우리가 가진 편견은 자연스럽게 그 대상에 대한 차별과 혐오를 만들고, 우리의 의식은 별 어려움 없이 주변 사람들과 다음 세대에게 전달됩니다. 한 번 생겨난 편견과 혐오는 없애기 어려운 것입니다. 그러나 이렇게 심각한 영향을 끼치는 편견을 가진 사람 중 왜 그런 편견이 시작되었는지, 왜 혐오가 시작되었는지 아는 이들은 거의 없습니다.

『허클베리 핀의 모험』 속에는 셰퍼드손 가문과 그랜지포드 가문이 등장합니다. 이 두 가문은 서로 원수처럼 척을 지고 살아가는데, 상대 가문의 일원을 죽이거나 상처 입힌 것을 자랑으로 삼았습니다. 그들이 상대방을 혐오하게 된 까닭은 몇 세대 더 위였던 선조들의 말다툼이었는데, 그들에게 있어 선조의 말다툼은 그저 상대를 혐오하는 명분일 뿐, 중요한 것은 그저 상대의 가문을 혐오하고 있다는 사실이었습니다. 혐오의 뿌리도 모른 채 상대방의 나쁜 모습만 찾아내는 모습은 어리석기 그지없지만, 우리 사회에서 이런 모습을 찾아보기는 어렵지 않습니다.

2장 공감과 연대를 위한 상상력

장애인 혐오, 성 소수자 혐오, 노키즈존, 난민 반대 시위까지. 공동체의 수많은 구성원이 여러 정체성 중 단 하나의 모습만으로 판단 당하고, 낙인찍혀 다른 사람으로부터 혐오를 받았습니다. 아이들이 떠드는 것이 잘못일까요? 난민들이 어쩔 수 없는 상황에 떠밀려 도망쳐 온 것이 잘못일까요? 혹은 다른 사람과 다른 점들이 잘못인가요? 애당초 그런 것들을 잘못이라고 할 수 있기나 할까요? 특정 대상에 대한 편견은 대부분 우리와 다르다는 것에서 발생하는 두려움에서 비롯합니다. 그리고 실제로 발생하지 않을지도 모르는 피해에 대한 과도한 불안이 편견을 혐오로 발전시킵니다. 실질적인 수치를 살펴봤을 때, 성 소수자와 에이즈 발병률의 상관관계는 유의미하지 않고, 독일의 사례를 살펴봤을 때 난민을 받아들이는 것과 범죄의 발생은 큰 관계가 없습니다. 오히려 독일의 범죄 발생 수는 점점 줄어들고 있는 추세이기도 합니다. 결국 왜 편견을 갖는지, 왜 혐오하는지도 모른 채로 두려움과 불안을 그대로 답습하는 오늘날 우리의 모습은 셰퍼드손, 그랜지포드 가문의 모습과 똑같아 보입니다.

우리 사회의 혐오와 차별은 일부 집단 내에서 이루어지는 것이 아니라 사회 곳곳에 이미 너무 크고 공고히 자리 잡고 있습니다. 아무런 주저 없이 편견 어린 시선으로 다른 이들을 바라보는 사람을 쉽게 찾아볼 수 있습니다. 문제는 그런 사람이 모두 도덕적으로 문제 있는 사람은 아니라는 사실입니다. 노예제가 합법이었던 시절 미국에서 노예제를 지지했던 모든 미국인이 나쁘다고 할 수 있나요? 그들은 그저 당시의 법과 사회의 이야기를 철저히 믿었을 뿐이고, 그런 제도가 잘못되었다는 사실을 알지 못했을 뿐입니다. 그럼에도 그들이 도덕적 비난을 피해갈 수는 없습니다. '몰랐다'는 사실이 잘못과 부정의를 덮어주지는 않기 때문입니다.

제2차 세계대전이 끝난 후, 나치의 간부였던 아돌프 아이히만은 재판을 위해 법원에 출석했습니다. 아돌프 아이히만은 끔찍한 홀로코스트를 총괄했던 총책임자였음에도 불구하고 자신의 죄를 인정하지 않았습니다. 아무렇지도 않게 죄 없는 수많은 사람을 죽인 악마 같은 아이히만은 일상에서는 죄책감 없이 다정다감하고 착한 가장이었다고 합니다. 아이히만이 자신은 무죄라고 주장한 근거는 '자신은 명령대로 실행했을 뿐이다'라는 것이었습니다. 당시 독일의 법에 따르고 상부의 명령을 따르는 성실한 사람이었다고요. 그러나 결국 아이히만에게 내려진 판결은 유죄였습니다. 죄목은 '생각하지 않은 죄'.

여전히 사회가 버리지 못한 편견을 그대로 답습하고 있는 이들에게도 똑같은 죄를 적용할 수 있을 것입니다. 우리 사회가 어떤 편견을 가지고 있는지, 어떤 이들에게 차별을 가하는지 생각해보지 않은 죄 말입니다. 『허클베리 핀의 모험』에서 헉을 키운 과부 더글라스 부인은 도덕적으로 완벽해 보이지만, 동시에 수많은 흑인 노예들을 데리고 있다는 모순을 보여줍니다. 더글라스 부인은 그저 법대로 흑인 노예를 데리고 있을 뿐이지만, 그 모습은 아이히만과 크게 달라 보이지 않습니다.

마크 트웨인은 소설 속에서뿐만 아니라 삶 속에서 미국 사회의 편견과 차별에 저항하기 위해 싸웠습니다. 당시의 인종차별과 제국주의를 강도 높게 비판함과 동시에 강경한 노예 폐지론자이기도 했으며, 여성 참정권을 주장하기도 했습니다. 소수인종에 대해서도 관심을 나타내는 등 사회의 각 계층에 있는 소수자와 약자들에 대한 편견과 차별을 없애기 위해 열심히 노력했습니다. 마크 트웨인이 보기에 당시의 사회는 편견과 차별로 점철된 사회였을 것입니다. 오죽하면 마크 트웨인은 헬렌 켈러를 만났을 때 이런 말을 합니다. "세상 사람들은 앞을 못 보는 사람 같은 장애인을 가엾게 여깁니다. 하지만 더 많은 사람이 몸은 멀쩡할지 모르지만 피부색이나 종교만으로 다른 이를 죽이고 차별합니다.

『허클베리 핀의 모험』의 헉과 짐은 사회가 구분지은 편견과 선입견을 넘어선 우정을 보여주었다.

그런 건 과연 멀쩡한 걸까요?"

마크 트웨인이 진정으로 원했던 사회는 사회적 기준으로 누군가를 판단하는 것을 넘어서 그저 사람과 사람으로 대화를 나눌 수 있는 사회가 아니었을까요? 우리가 살아가는 지금 사회는 마크 트웨인이 원했던 사회와 얼마나 멀리 떨어져 있나요? 물론 마크 트웨인이 살았던 19세기 미국보다는 훨씬 나아졌지만, 여전히 우리 사회에는 많은 편견이 자리하고 있습니다.

마크 트웨인이 글을 쓴 후 150년쯤 되는 시간이 흘렀지만, 우리 사회는 마크 트웨인이 꿈꾸던 사회와는 여전히 멀리 떨어져 있습니다. 그러나 우리 삶 속에 이렇게 질문을 던지는 문학이 없다면, 여전히 우리에게 혐오와 차별이라는 인식은 미비했을 것입니다. 그것이 문학이 가지는 힘입니다. 무엇이 편견과

차별을 만드는지 생각해볼 수 있는 힘, 도망친 노예 짐을 신고하지 않은 헉처럼 잘못된 사회에 저항할 수 있는 힘 말입니다.

● 이수겸(19세)

<루카>라는 애니메이션 영화가 있습니다. 이탈리아 감독 엔리코 카사로사가 자신의 어린 시절의 경험을 바탕으로 만든 이 영화에는 물속에서는 물고기이지만, 물 밖에서는 인간의 모습이 되는 '바다 괴물' 루카가 나옵니다. 루카의 엄마는 늘 "물 밖은 위험해. 절대 나가서는 안 돼"라고 말하지요. 물 밖에 사는 '육지 괴물'인 인간이 자신들을 죽이려고 하기 때문입니다. 소심하고 겁이 많은 루카는 엄마의 말을 잘 따랐습니다. 바깥세상이 정말 궁금했던 루카는 계속

육지 근처까지 갔지만, 물 밖으로 나갈 용기는 차마 내지 못했습니다. 매번 망설이는 루카를 지켜보던 알베르토라는 또 다른 바다 괴물은 루카를 물 밖으로 나올 수 있게 도와줍니다.

알베르토 덕분에 물 밖으로 나온 루카가 만난 세상은 위험한 곳이 아니라, 무척 아름다운 곳이었습니다. 숨을 쉴 수 있고, 두 발로 걸을 수 있으며, 빛나는 태양과 신선한 바람이 부는 곳이었지요. 또 밤하늘에는 너무나 아름다운 별들이 반짝이는 곳이었습니다. 새로운 곳의 풍경이 아름답기도 하지만 낯설기 때문에 루카는 조금 겁이 나기도 했는데요. 루카와는 정반대로 적극적이고 씩씩한 알베르토 덕분에 루카는 새로운 모험을 할 수 있는 용기를 낼 수 있었습니다. 알베르토와 함께 루카는 서로 다름을 인정하는 인간 친구 줄리아도 만나고, 책을 통해 새로운 세상도 배우고, 어려운 도전이지만 끝까지 포기하지 않고 값진 승리도 얻게 됩니다.

영화의 장면마다 현실의 모습과 연결해서 생각해볼 것이 많습니다. 우선 우리가 잘 알지 못하는 대상을 '괴물'로 취급하고 '위험한 것'으로 여긴다는 점입니다. 기성의 가치관은 그 대상에 불편한 감정을 느끼고 멀리해야 할 것이라고 여기는 경향이 있습니다. 난민, 이주민, 탈북민을 경계하는 시선이나, 다수가 선택하는 길이 아닌 길을 가려는 사람들을 손가락질하거나 이상한 사람 취급하는 문화 역시 여기에 속한다고 볼 수 있겠습니다. 하지만 영화 속 루카와 알베르토가 그렇듯, 새로운 세대는 편견과 선입견 없이 세상에 호기심을 가

영화 <루카> 감독 엔리코 카사로사

지고 새로운 만남을 시도할 수 있는 가능성의 존재입니다.

영화에서 또 한 가지 감동적으로 느껴지는 것은 바로 각자의 모습 그대로가 존중받을 수 있다는 사실입니다. 루카는 소심하고 수줍음이 많지만 신중하고 섬세하고, 알베르토는 대범하고 용기 있지만 덤벙대고 실수투성이니, 서로의 부족한 점을 보완하고 좋은 점을 돋보이게 해줍니다. 또 루카는 책 읽는 기쁨을 발견하고 더 많은 것을 배우기 위해 학교에 가는 것이 행복이지만, 알베르

2장 공감과 연대를 위한 상상력

토는 마을에 남아 사람들을 도우며 함께 지내는 것이 행복입니다. 누군가에게 잘 보이거나 인정받기 위함이 아니라, 자기 내면의 기쁨과 자유를 소중히 여긴다면 우리 모두는 각자의 모습 그대로 아름답습니다. 우리는 때때로 그 사실을 잊고, 정해진 기준에 맞추기 위해 너무 애쓰고 있는 것은 아닌지, 그러다 보니 그 기준에 미치지 못하는 사람들, 심지어 자기 자신까지도 비난하고 있는 것은 아닌지 반성합니다.

어린이와 청소년기의 경험은 기억 속에 오래도록 남아 우리 인생을 지탱하고 세상을 살아가게 하는 힘이 됩니다. 그렇기에 우리 모두에게는 영화 '루카'에서 볼 수 있는 눈부신 기억이 필요합니다. 나의 부족함을 메워 나를 세상 밖으로 나갈 수 있게 도와주는 친구가 필요하고, 호기심과 상상력을 자극하는 새로운 세상과 만남도 필요합니다. 타인에 대한 이해 없이, 서로에 대한 배려 없이, 함께하는 시간과 공간 없이 우리는 잘 살 수 없습니다. 우정, 배려, 상상력, 호기심, 배움의 기쁨 등 우리가 잃지 말아야 할 소중한 것들을 지켜내기 위한 노력 없이 그 어떤 어려움도 해결할 수 없습니다.

우리의 인생에 존재하는 수많은 어려움도 우정의 힘이 있으면 이겨낼 수 있고, 그런 우정이 모여 아름다운 공생의 세계를 만들 수 있습니다. 엔리코 카사로사 감독이 말했듯, "세상에 대한 호기심과 상상력, 다름과 차이에 대한 배려와 인정, 우정의 소중함과 사소한 것에 대한 감사" 라는 인생에서 가장 소중한 가치를 찾을 때, 우리는 새로운 세계를 만들어 갈 수 있을 것입니다.

2

정의로운 사회, 연대하는 시민

우리는 개인의 노력으로 행복을 성취하기 어려운 사회를 살고 있습니다. 그럼에도 사회 구조에 대한 반성이나 성찰 없이 개인의 노력만을 인정받고 싶어 하고 내가 지금 가진 지위 혹은 성과를 빼앗기기 싫어합니다. 가장 쉬운 예는, 우리 가까이 교육 현장에 있습니다. 밤낮없이 공부를 열심히 해야 상위권 대학에 들어갈 수 있지만, 그마저도 나의 노력만으로 가능하지는 않습니다. 성적이 잘 나오는 방법을 알려주는 학원에 가거나 과외를 받을 수 있는 것도 이미 하나의 특권입니다. 달리 표현하면 학교만 열심히 다닌다고 성적을 잘 받을 수 있는 사회는 아니라고 할 수 있습니다. 또, 생활기록부에 적힐 다양한 활동과 수상 이력은 우선 나에게 기회가 와야 가능한데, 그 기회는 균등하게 오지 않는 경우가 많죠.

청소년들은 불공정함을 모두 알고 있습니다. 교사도, 부모도 이 사실을 모를 리 없습니다. 그런데 모두 "네가 더 열심히 해야 해"라고 말합니다. 거기에서 살아남아서, 조금이라도 높은 성적을 받아서, 조금이라도 좋은 조건을 갖추어서 너는 그 경쟁에서 끝까지 살아남아야 한다고 말합니다. 그렇게 경쟁에서 이긴 자들은 노력만으로 뛰어넘기 힘든 장벽을 앞에 두고 정말 죽을 듯이 열심히 했으니, 내가 누리고 있는 것이 보상이고, 당연한 것이라 여깁니다. 내가 누리는 것을 당연하게 여기고 가지지 못한 사람을 업신여기는 사회는 이미 옳지 않습니다. 다른 사람이 처한 상황을 이해해 보려 노력하지 않기 때문이고, 사회 구조를 제대로 보지 않은 것이기 때문입니다.

그렇다면 정의로운 사회를 만들기 위해 우리는 어떤 시민이 되어야 할까요? 우리가 상상하는 정의로운 사회는 어떻게 실현할 수 있을까요? 부당함에 눈 감지 않고 자신이 겪는 고통을 소리내어 말하는 사람들의 목소리에 귀 기울이는 것, 그것은 누군가를 위하는 것이 아니라 우리 모두의 자유와 행복을 위해 필요한 일입니다. 들리지 않는 목소리에 귀 기울이기 위해 우리에게 필요한 가치나 태도는 어떤 것일까요?

● **이연경(17세)**

제 생각에 많은 경우 우리는 이기적으로 행동하고, 자기 이익을 먼저 내세웁니다. 상대방보다는 자기중심적인 생각으로 살아가며 서로를 수단으로 대하는 일도 많습니다. 우리는 상대방의 존엄성을 인정해주고, 상대방이 존중받을 자격이 있다는 것을 끊임없이 되새겨야 합니다. 그리고 우리는 망가진 존재를 인정함으로써 그것을 서로 보듬을 수 있는 인간애를 만들어야 합니다. 그리고 우리는 정의로운 자비를 약하고 힘든 사람에게 베풀어야 합니다. 우리가 상대

"권리와 정의는 거래될 수 없고 부정하거나 유예될 수도 없다." - 마그나 카르타

방보다 더 나은 사람이라는 생각보다 우리 모두 똑같은 소중한 사람이라는 것을 생각할 때 서로를 존중하고 아끼게 될 것이라고 생각합니다.

● **장혜원(15세)**

좁게는 친구 간의 다툼부터 크게는 난민 문제, 남녀차별 문제까지 사람들은 자신이 아는 것 내에서 생각하고 판단하게 됩니다. 그러면 오해가 생기고 거짓된 정보가 발생하면서 혐오적인 시선이 생겨납니다. 그렇기 때문에 문제나 사건에 대해서 적어도 제대로 이해하고자 노력하고 공감한 후에 판단해야 한다고 생각합니다. 대부분은 모두 자신이 생각하기에 옳은 쪽으로 행동하려고 합니다. 하지만 자신이 올바르다고 생각하는 것이 잘못될 수도 있다는 생각을 할 줄 알아야 합니다.

● 김학철(15세)

곁에 있는 사람과 우정을 나누고 연대의 공동체를 만들기 위해서는 나와 다른 의견도 끝까지 들어줘야 합니다. 우리는 남이 하는 이야기를 듣는 것을 싫어합니다. 들어도 스마트폰을 보면서 듣거나 대충 듣습니다. 하지만 자신의 이야기를 남에게 하는 것은 지극히 좋아합니다. 이런 태도도 어떤 면에서는 경쟁하던 습관과 태도가 몸에 배었기 때문인 것 같습니다. 학교에서 이렇게 타인과 더불어 살아가는 태도를 가르치는 것에 좀 더 집중하면 경쟁으로 인한 상처가 줄어들 것 같습니다.

● 배호은(15세)

도움이 필요한 아이에게 손을 내미는 아이를 보고 어른들은 착한 아이라고 말합니다. 그렇지만 이렇게 도움이 필요한 아이, 도움을 주는 아이, 그걸 바라보고 칭찬하는 사람의 구분이 있는 자체가 정의롭지 않은 사회의 모습인 것 같습니다. 정의로운 사회는 나쁜 악당을 물리치는 영웅이 있는 사회가 아니라 평범한 사람들이 악당을 만들어내지 않는 사회입니다. 법이 정의를 지키기 전에 모두가 이미 정의로운 생활을 하고 있다면 그것이 바로 정의로운 사회입니다.

● 김도연(16세)

'정의'라고 하는 길은 출구가 없는 미로 같습니다. 정의로운 사회를 찾아가는 것은 계속 같은 길을 맴돌다가도 어떤 때는 새로운 길을 찾기도 하는 과정이라고 생각합니다. 이 미로에 딱 정답이라고 부를 수 있는 출구가 없음을 알면서도 이 미로를 계속 나아갈 때 사회에 정의로움이 조금씩 만들어지기 시작하겠지요? 하지만 지금은 이 미로의 입구 앞에서 머뭇대는 사람이 많은 것 같습니다. 이제는 더 많은 사람과 함께 미로를 헤매야 합니다. 더 고민하고 더 많이 소통하고 방법을 찾기 위해 머리를 맞댈 때 정의로운 사회는 우리 앞에 생겨날 것입니다.

● 방민서(16세)

정의에 대해 딱 잘라 뭐라고 말하긴 어렵습니다. 정의가 무엇이라고 확고히 정의 내리면 제가 저의 정의를 지키기 위해 노력하게 될 수는 있지만, 그것이 다른 사람에게 폭력이 될 수도 있기 때문입니다. 그래서 여러 사람이 정의는 무엇인지, 정의로운 사회는 또 무엇인지 서로의 입장을 충분히 이야기해야 한다고 생각합니다. 그래서 사회가 새로운 정의로움, 가치, 우리가 나아가야 할 길을 생각하고 이야기 나눌 수 있는 시간과 공간을 충분히 마련하는 것이 정의라 생각합니다.

개인이 생각하는 정의를 다른 사람과 공유하며 더 보완하고 끊임없이 성찰하며 공동선을 향해 나아가는 사회는 개인의 생활과 고민을 반영할 수 있습니다. 교육 문제만 하더라도, 우리는 아직 어른들과 충분한 논의와 이야기를 해보지 못했고, 우리 교육의 문제를 정확히 직시하는 것을 막는 시험, 대입, 성적 등 장애물이 남아있습니다. 소통의 장을 열고, 장애물을 치우는 것이 정의로운 사회가 해야 할 일입니다.

물론 그러기 위해서는 충분한 교육과 정보가 제공되어야 합니다. 어떤 사람들은 자기의 주장을 내세우는 게 익숙하고 영향력도 크지만, 어떤 사람들은 자신의 생각을 말하는 것도 어려울 수 있기 때문입니다. 우리는 어떻게 소외된 사람들까지 소통의 중심으로 데려와 함께 사회 정책을 만들고 공동체가 나아가야 할 방향을 찾을 수 있을까요? 어쨌든 현재로선 그런 충분한 논의가 있었던 것 같지 않습니다. 그런 논의가 가능할 때, 현실의 벽을 넘어 희망의 아이디어, 사회를 바꿀 사람들이 탄생할 수 있습니다.

● 이수겸(17세)

정의로운 사회를 위해 시민들이 가져야 할 덕목은 '관심'이라고 생각합니다. 제가 이렇게 생각하는 이유는 무관심한 사회가 개인에게 미치는 영향은 시간이 지나면 지날수록 더 위험해지기 때문입니다. 우리는 뉴스에서 지나친 경쟁으로 인한 스트레스로 자신의 삶을 포기하고, 남의 집에 불을 내는 등 다양한 사건, 사고를 보게 됩니다. 우리 사회는 지금 이런 일이 일어난 다음 비난만 할 뿐, 예방하려고 하지 않습니다. 누군가 자살하기 10분 전 위로의 한마디를 건넸다면, 누군가 불을 지르기 전에 관심을 가졌다면 일어나지 않을 일은 아니었을까요? 관심을 가졌다면 일어나지 않을 일들이 많습니다. 그래서 저는 우리 사회의 정의로운 시민들이 타인에게 관심을 가져야 한다고 생각합니다.

제가 생각할 때 인간에게는 악한 마음이 조금씩 있다고 생각합니다. 이기심이나 욕심이 나쁜 것인 줄 알면서도 한 번쯤 마음에 품어 보았을 것입니다. 하지만 이런 불안정함과 불완전함에도 불구하고 인간은 존엄합니다. 불완전하다는 사실 덕분에 발전하고 나아질 수 있지요. 인간은 때로는 용서받지 못할 것을 용서합니다. 누군가 당신의 가족을 살해했음에도 법정에서 그 범죄자의 사형을 반대할 수 있을까요? 하지만 누군가는 반대합니다. 용서받지 못할 것을 용서한 것이지요. 이러한 것은 어떻게 가능할까요? 우리는 때로 머리로 이해가 되지 않는 것을 마음으로 해결하라고 듣습니다. 이성적으로는 이해가 어렵지만, 그 어려움을 뚫고 나가는 순간 인간의 존엄함을 볼 수 있다고 생각합니다.

저는 저 자신이 발전하거나 바뀔 때 행복과 성취를 느끼는 사람이 되고 싶습니다. 앞에서 제가 말했듯이 인간은 불완전한 존재입니다. 그래서 완전해지지는 못하지만 가까워질 수는 있지요. 발전과 개선을 통해 행복과 성취감을 느끼는 사람들이 있는 사회라면 모두의 모습이 좋아지지 않을까요? 경쟁은 낙오자가 발생하지만 모두 함께 경쟁 대신 스스로 발전해 나간다면 모두가 승리자가 되어 행복한 사회가 될 수 있다고 저는 생각합니다.

● 이지원(16세)

정의로운 시민은 자기 자신만큼 주변을 소중히 하는 사람이라고 생각합니다. 여기서 말하는 주변이란, 사람과 환경, 동물들을 말합니다. 누구든지 자기 자신보다 남을 우선시하고 더 소중히 하는 것은 어려울 것 같습니다. 예를 들어 누군가를 꼭 구해야 하는 상황에서 제 목숨이 위협받고 있다면 위험을 무릅쓰고 다른 이를 구할 것인지 말 것인지 고민할 수 있다고 생각합니다. 하지만 최소한 나와 동등한 위치에서 다른 생명의 입장도 생각하고, 배려하고, 소중히 여기는 것은 할 수 있습니다. 그래서 주변을 충분히 돌아보고 소중하게 지키려고 생각하는 마음이 정의로운 시민의 첫걸음입니다.

● 김도환(17세)

인터넷에서 한 영상을 보았습니다. 칼을 든 일반 시민이 경찰서에 가서 경찰 한 명을 위협하는 영상이었습니다. 일반적인 관점에서 본다면 당연히 경찰은 시민을 제압하고 그 시민은 재판을 받았을 것입니다. 하지만 이 경찰만큼은 달랐습니다. 시민에게 왜 이러는지 물어보고 계속해서 말을 걸어주고 천천히 다가가 안아주었습니다. 알고 보니 이 시민은 자신의 임금을 받지 못하고 전 재산

정의로운 시민은 모두에게 이로운 세상을 만든다.
미국 워싱턴의 서점 '조수와 시인(Busboys and Poets)'의 한 벽면

이라고 할 수 있는 기타까지 도둑맞았던 것입니다. 저는 이 경찰관의 태도야말
로 사회 전체가 가져야 할 도덕이라고 생각합니다. 항상 법으로만 대하는 것이
아닌, 때론 더 따뜻하게 대할 수 있는 사회가 되었으면 좋겠습니다.다.

● 김보민(15세)

아버지에게 폭력을 당하고 살아왔던 친구가 어떤 이유 때문인지 초등학교
때부터 왕따를 당해 왔다고 저에게 털어놓았습니다. 자기를 인정해주는 사람
이 아무도 없자 술과 담배의 길에 들어섰고, 자해와 자살 시도를 수없이 해왔
습니다. 그녀의 몸은 온통 멍과 흉터로 가득 차 있지요. 하지만 사람들은 친구의

상처를 볼 때마다 무서워서 도망가곤 합니다. 이 친구에게, 네 감정에는 그만한 이유가 있을 거라고 말해주고 싶습니다. 상처를 보면 무서워 도망가는 사람이 아니라, 어루만져 주는 친구가 되어 주고 싶습니다. 이 친구 다음에는 또 다른 힘들어하는 친구를, 또 다른 친구를 계속해서 치유해주고 싶습니다. 그게 제 직업이 되었으면 하고, 평생을 치유자로 살아가고 싶습니다.

● 한예원(16세)

주변을 돌아보면 입시전쟁에 순응하고 공부에 힘쓰는 학생이 있는가 하면, 아예 학교 공부를 포기해버리거나 다른 길을 선택하는 사람도 있을 것입니다. 저는 모든 청소년에게 "너는 옳다"라고 말해주고 싶습니다. 더 많은 것을 경험해보고 그중에서 자기에게 맞는 것을 찾아가자고 말이지요. 공부가 재미있다면 공부를, 게임이 재미있다면 게임을, 미술이 좋다면 미술을 하는 거예요. 사실 이건 너무 당연한 건데, 우리는 다수가 가는 길이 아니면 특별한 시선을 보내는 경우가 많습니다. 그 특별한 시선이 선망의 눈길일 때도 있지만, 대부분의 경우는 차별의 시선을 받아야 하지요. 그래서 어긋나기도 하고, 외로움을 느끼기도 하고, 너무 힘들어서 자기 자신을 속이고 그 선택을 포기하기도 합니다. 저는 대학만이 유일한 길이 아니라는 것을 알고, 입시가 아닌 다른 길을 찾았다면 사회의 시선을 의식하지 말고 내가 가는 길도 옳다는 것을 우리가 잊지 말았으면 좋겠습니다.

● 전태화(17세)

저희 반에 왕따를 당하는 아이가 있습니다. 대부분 그 친구가 힘들어하는 걸 알고, 도와주어야 한다고 생각해요. 그런데 서로 눈치를 보며 아무 행동도 하지 않았습니다. 제가 선생님께 말씀드리자고 말해보았지만, "학원을 가야 한다"라는 핑계를 대고 상황을 외면합니다. 모두가 방관합니다. 그뿐만 아니라 "그 상황이 잘못된 것은 알지만 나도 어쩔 수 없어"라고 자기합리화를 하면서 자신의 죄책감을 덜려고 합니다.

우리는 왜 관용을 지향해야 할까요? 학교폭력의 가해자도 그렇고 강력 범죄자들을 보면 정말 악한 사람들입니다. 제가 피해자라면 그 사람들이 너무 싫을 것 같습니다. 피해자가 가해자에게 관용을 베풀어야 한다는 것도 이해가 잘 되지 않습니다.

긴 생각 끝에 한 가지 깨달은 것은 사랑과 관용이 '가해자에 대한 온건한 태도'를 뜻하는 게 아니라는 점입니다. 우리는 어떤 사건이 일어났을 때 가해자를 주목하곤 합니다. 그런데 그 사람들에게 집중하다보면 정작 우리가 지켜야 하는 인간의 존엄성을 잃어버립니다. 공포와 두려움에 지배되지요. 자유와 사랑의 태도는 '피해자가 가해자에게' 베풀어야 하는 것이 아닙니다. 우리에게 필요한 것은 사건에 직접 연루되지는 않았지만 사건을 목격한 '시민이 또 다른 시민에게', '시민이 아픔을 겪고 있는 피해자들에게' 보내는 격려와 연대의 메시지인 것입니다.

3

경계를 뛰어넘는 지구 공동체

"그렇죠? 그런데 곰곰이 생각해보면 누구도 정체성이 하나뿐인 사람은 없어요."

어느 한쪽을 고르라든가 그중 하나를 내세우라며 서로 옥신각신하는 세상이 된 건 분명하다. 저기 축구장에도 동유럽인의 피가 흐르는 아이, 몇 대를 거스르면 인도계 선조가 있는 아이, 아일랜드인의 아이 등이 분명히 있을 것이다. 유복한 집의 아이도, 그렇지 않은 아이도, 양친이 모두 있는 아이도, 싱글맘이나 싱글파더의 아이도 있을 것이다.

분단이란, 여러 정체성 중 하나를 타인에게 덮어씌운 다음 그보다 우월하다고 여기는 정체성을 골라 자신에게 둘렀을 때 일어나는지도 모른다. 그런 생각이 들었다.

- 브래디 미카코, 『나는 옐로에 화이트에 약간 블루』 중에서

우리는 성별에 따라, 나이에 따라, 사는 지역에 따라, 살아온 환경에 따라 다양한 정체성을 가지고 있습니다. 그 수많은 정체성 중에 스스로가 타인보다 더 우월하다고 느끼는 정체성을 선택함으로써 문제가 발생합니다. 어떤 정체성을 상대방에게 부여하고 그것보다 조금 더 나은 정체성을 자신에게 둘렀을 때 사람은 아주 옹졸해지고 비겁해집니다. 왜냐하면 수많은 정체성 중에 하나만을 선택했기 때문입니다. 남한과 북한의 문제도 같다고 생각합니다. 우리는 같은 언어를 사용하고 있습니다. 그리고 같은 역사를 공유하고 있습니다. 그 수많은 공통된 정체성이 있음에도 불구하고 서로 다른 하나의 정체성을 골라서 서로에게 적대감을 가지고 배척하고 있습니다.

역사학자 하워드 진은 자신이 가장 중요한 가치로 여기는 것을 '친절'과 '관대함'이라고 말했습니다. 친절이란 따뜻한 마음을 가지는 것이고, 관대함이란 나와 다른 생각을 가진 사람의 이야기에 귀를 기울이고 공감하는 것을 뜻합니다. 그저 잘해주는 것이 아니라 잘못된 것이 있으면 바로잡고, 그 과정에서 누군가를 배척하고 소외시키는 것이 아니라 함께 할 수 있는 마음을 갖는 것이 중요하다고 말했는데요. 평생을 약자와 소수의 편에 서서 역사를 기록하고, 그들의 목소리가 존중받을 수 있는 역사를 새롭게 써온 하워드 진은 결국 더 나은 사회라는 희망은 소외되고 배제돼 온 사람의 목소리에서 비롯한다고 말합니다.

다양한 정체성들이 서로 공감하고 소통하며 때론 갈등을 통해 더 나은 정체성을 향해 나아갈 때, 우리는 비로소 평화로운 세계를 만들 수 있습니다. 인류를 하나의 거대한 가족으로 본다면, 인종차별이나 난민 문제는 피부색이 다르다는 이유로, 출신 국가가 다르다는 이유로 배척할 이유가 하

4분의 눈맞춤으로 그 어떤 장벽도 허물 수 있다. ⓒ국제 앰네스티

나도 없는 문제가 되는 것입니다.

국제 앰네스티에서 진행한 <경계를 넘어 보기(Look Beyond Borders)> 프로젝트가 있습니다. 간단한 질문을 주고 받은 후 4분 동안 눈을 마주 보면 친밀도가 상승한다는 심리학자 아서 아론의 이론에 근거하여 기획된 것으로, 유럽의 일반 시민들이 다양한 국가 출신의 난민들과 눈을 마주 보는 시간을 가집니다. 낯설기에 서로를 경계했던 초반부와는 달리, 4분의 눈 맞춤 이후에는 서로의 일상을 물으며 공통적으로 가진 고통, 슬픔, 기쁨, 행복의 감정을 공유합니다. 말이 잘 통하지 않아도 상관없습니다. 마주한 사람이 나와 같은 인간임을 확인한 후, 그 어떤 것도 장벽이 되지 않기 때문입니다.

이 프로젝트는 우리가 서로를 향해 세웠던 장벽은 난민이라서, 이주자라서, 가난해서, 종교가 달라서, 그런 이유로 만들어졌지만 결국 내 눈앞의 사람을 보지 않았기 때문이라는 사실을 깨닫게 합니다. 어쩌면 우리는 서로를 바라볼 4분의 시간을 갖지 못해서 그토록 서로 미워하고 증오하며 차별해온 것은 아닐지요? 서로를 바라보는 시간은 우리의 수많은 정체성들 중 '인간'이라는 공통의 것이자 가장 아름다운 정체성을 찾을 수 있게 할 것입니다.

여러분에게도 분명 타인의 고통에 공감하고, 그 고통에 응답하고자 하는 정의로운 정체성이 있을 것입니다. 편견이라는 거대한 장벽에 가려 잘 보이지 않았던 사람들의 얼굴을 바라볼 준비가 되었나요?

● 김유비(18세)

경계를 뛰어넘기 위해서는 무엇보다 마음속에 인간에 대한 사랑을 가져야 합니다. 인류애는 사람으로 하여금 영화 속의 영웅처럼 용기를 내고 정의를 추구하게끔 만드는 것 같습니다. 저도 그 힘을 직접 경험한 적이 있습니다. 저는 솔직히 난민에 대해 잘 몰랐고 인터넷상의 이야기만 믿고 난민에 대해 부정적인 생각을 갖고 있었는데, 난민 한 명, 한 명의 삶을 들여다보자 그 사람들 역시 나와 같은 사람이라는 것이 느껴졌습니다.

● 이강욱(14세)

혐오와 차별은 사회적 약자들을 무시하고 이상하게 바라보는 시선으로부터 시작됩니다. 지금 우리가 겪고 있는 혐오는 오래전부터 사람들의 마음에 각인되어 집단적, 사회 구조적 작용으로 이어지고 있습니다. 최근 미국에서 일어나고 있는 아시아계 혐오 범죄나, 성 소수자들에 대한 혐오 발언들 역시 우리가 서로를 불평등한 시각으로 바라보기 때문입니다.

그러므로 우정과 공생의 세계, 혐오와 차별이 없는 세계를 만들기 위해서는 공감이 필요합니다. 사회적 혐오를 없애기 위해서는 소수자가 차별받고 있다는 사실을 직시해야 합니다. 그리고 그들의 아픔을 함께 느끼고 대화해야 합니다. 대화하기 위해서는 평등한 소통의 장 역시 필요합니다. 소통의 장에서는 다양한 사람들이 내가 겪은 어려움, 사회적 차별의 시선을 공유하고 공감할 수 있어야 합니다. 소통을 통해 서로를 이해할 수 있는 시간을 갖고 서로의 이야기를 들을 수 있어야만 차별과 혐오를 넘어 공감과 연대의 세계를 만들 수 있습니다.

● 김보민(17세)

저는 기구나 제도와 같이 실질적인 세계 연대도 필요하다고 생각합니다. 2007년, 남미에 위치한 에콰도르에서 야수니 국립공원을 개발하지 않는 대가로 그 수익의 절반을 보상해달라는 제안을 국제사회에 한 적이 있습니다. 야수니 국립공원은 수많은 희귀생물이 사는 곳인데, 이곳에 대규모 유전이 발견된 것입니다. 석유 수출이 국가 경제에 거의 대부분을 차지할 만큼이고, 2000년도에 금융위기로 경제적 어려움을 겪은 에콰도르의 입장에서 야수니 국립공원에 매장된 석유를 개발하는 것은 중요한 일이었습니다. 하지만 그곳의 생명자원은 세계적으로 중요한 것이었고, 이것에 대한 책임을 세계 각국이 나누어 부담을 하자는 제안을 에콰도르 정부에서 한 것입니다. 각국의 환경단체들과 몇몇 정부에서는 적극적으로 동참하겠다는 의사를 밝혔으나, 대부분의 국가에서는 그 뜻에만 동의할 뿐, 실질적인 재정 지원에는 함께하지 않았습니다. 결국 에콰도르 정부의 제안은 수포로 돌아갔고, 석유 개발은 진행되고야 말았습니다.

이 사례를 통해 알 수 있듯이, 인류가 함께 고민하고 책임져야 할 사안에 대해

야수니 국립공원

전 세계의 연대가 필요합니다. 생태환경에 대한 사안뿐만 아니라 전염병이나 전 지구적 불평등과 같은 문제는 분명 국가를 뛰어넘어 함께 고민해야 할 문제인데, 이것을 외면하고 방관하니 가장 약한 국가, 가장 가난한 사람들에게 도무지 극복할 수 없는 폭력으로 이어집니다. 야수니 국립공원의 생명들이 무참히 그 터전에서 쫓겨났듯이 말입니다. 전 지구가 공동으로 참여해야 할 문제지 국가 차원으로 축소해서는 안 될 문제들이기에 이제 더 이상 눈 감아서는 안 됩니다. 의견을 모으기 어렵다는 이유로 외면하고 약자에게 책임을 전가하는 태도는 이제 버려야 합니다.

● 이유진(15세)

학교에 가는 길, 같은 학교의 선배들이 북한을 욕하는 모습을 보았습니다. 욕을 하는 요지는 분명하지 않았습니다. 아마 인터넷에서 떠도는 북한에 대한 소문을 보고, 멋있어 보이려 욕을 섞으며 하는 말일 것입니다. 통일을 염원하는 것이 헌법에 명시되어 있고, 학교에서 통일교육까지 하는 국가에서 교육을 받은 학생들이, 제대로 된 비판도 아니고 북한을 비아냥거리고 조롱하는 모습이 이상하게 느껴졌습니다. 비단 북한에 대해서만이 아닙니다. 우리는 외모, 성별, 성적, 나이, 출신지 등 정말 많은 것으로 서로를 오해하고 차별하며 구분짓습니다. 자신과 다르다 싶은 사람이 자기보다 약하고 힘이 없다고 생각하면 깔보고 욕을 하지요. 분명 주변 사람들에게는 아주 친절하고, "아, 정말 좋은 사람이구나!" 싶은 사람도 어떤 대상에게는 무서울 만큼 적대적입니다. 직접적으로 욕을 하지는 않더라도, 난민 입국을 거부한다거나, 이주자 문제에 무관심하거나 하는 등의 방법으로 말입니다. 문제는 상처를 준 당사자는 그 사실을 모르는 경우가 많다는 사실입니다. 대부분의 사람은 본인이 차별하며 고통을 주는 악한 인간이기를 원하지 않습니다. 그러니 내가 하는 것은 차별이라기보다 근거가 있는 타당한 비판에 가깝습니다.

그러니까 '나'에게 문제가 있는 것이 아니라, 약하고 힘없는 '너'의 문제로 여기는 경우가 많은 것 같습니다. 이런 사회에서 '우리' 라는 말은 공격적인 것이 되어버렸습니다. 우리 반에 다른 반 학생이 들어오면 안 되고, 고급 아파트인 우리 아파트에 다른 아이들이 들어오면 안 됩니다. 우리끼리 노는데 끼려는 아이는 눈치 없는 죄로 왕따를 당하고, 공부 잘하는 우리만 모여서 따로 공부해야 합니다. 우리나라가 좋은 나라라는 것을 늘 다른 나라 사람들한테 확인받고 싶고, 감히 우리나라에 들어와서 우리가 낸 세금으로 혜택을 받으려는 난민

©United Nations COVID-19 Response

들은 추방의 대상입니다. 그런데, 그렇게 해서 '우리'들은 행복해졌나요? 우리 반만 챙겨서 우리 학교는 더 평화로워졌나요? 우리끼리만 잘살려고 해서 우리나라가 정말 더 살기 좋은 곳이 되었나요? 그렇지 않습니다. 더 많은 혜택을 누리는 '우리'에 속하려고 사람들은 미친 듯이 경쟁하게 되었고, 그 과정에서 너무 많은 사람이 다치고 고통받고 있습니다.

그런데도 어른들은 "세상 많이 좋아졌어!" 라고 말합니다. 물론 세상은 예전과 많이 달라졌습니다. 기술이 발달했고, 사람들의 인식도 많이 개선되었습니다. 하지만 아직 세상은 더 바뀔 필요가 있는데, 그 필요를 뒤로하고 "내가 젊었을 때는 말이야"라고 말하는 어른들을 보면 저도 모르게 속이 답답합니다. 그런 말들이 한계가 되어 우리가 사는 세상을 더 나은 곳으로 만들지 못하게 하고 있기 때문입니다. 수많은 '우리'는 눈을 감고 있는지도 모릅니다. 대한민국 청소년의 인권은 입시로 인해 짓밟히고 있고, 탈북 청소년들과 다문화 가정의 아이들은 손가락질로 많은 고통을 받고 있다는 사실에 말입니다. 전 세계적으로 보자면 전쟁이 일어나거나 극심한 가난으로 죽어가는 아이들도 수없이 많고, 가족과 뿔뿔이 흩어져 살아야 하는 아이들도 너무 많습니다. 이 아이들에게 세상은 전혀 좋아지지 않았습니다.

이 세상의 가장 소외된 아이까지도 모두 '우리'가 될 수 있도록 하는 것이 민주주의이고 평화입니다. 민주주의는 '우리'의 개념에 누가 빠졌는지 계속 살피게 하는 멋진 제도이고, 평화는 '우리'의 확장을 통해 만들어지는 자유롭고 안전한 세상의 모습입니다.

우리나라는 민주주의 국가입니다. '우리' 안에 누구를 포함할 것인가 고민을 하지 않는다면, 소외된 사람이 누구인지 돌아보지 않는다면, 결코 민주주의는 가능하지 않습니다. 그러니 모두의 노력이 필요합니다. 비판 없이, 성찰 없

2장 공감과 연대를 위한 상상력

이, 결코 나의 삶도 좋을 수 없습니다. 그래서 내 눈앞의 고통받는 사람에게 가장 먼저 손을 뻗고, 내가 보지 못하고 듣지 못하는 목소리가 있다는 사실을 잊지 않아야 합니다. 지금 당장은 나와 비슷하고 나보다 더 나은 위치에 있는 사람과 함께 있는 것이 편하고 안전하게 느껴질지는 몰라도, 고통받는 사람이 많아지는 사회에서 나 또한 안전할 수 없고, 그 위기는 분명 전 지구적인 비극으로 찾아올 것입니다. 그것이 전쟁의 발발이든, 질병의 창궐이든, 경제의 붕괴이든 어떤 방식으로든 말이지요.

'그들'이 '우리'가 되게 하는 일, 그것이 이 시대를 살아가는 청소년인 '우리'가 해야 할 가장 중요한 삶의 임무일 것입니다. 혐오와 차별을 넘어, 인간의 얼굴로 서로를 마주할 수 있는 새로운 시대가 올 때까지 말입니다.

[토론] 함께 꾸는 꿈

안네 프랑크

80여 년 전 암스테르담의 숨겨진 작은 방, 자유를 꿈꾸는 한 소녀가 일기장에 자신의 이야기를 써 내려가기 시작합니다. 일기장에는 가족과의 저녁 식사, 언니와의 다툼, 긴장되는 매일의 사건뿐 아니라, 답답한 현실에서 벗어나 젊음을 마음껏 만끽하는 자신의 자유롭고 행복한 꿈과 미래가 가득 담겼습니다. 그러나 냉혹한 현실은 그녀가 꿈꾸던 가치를 실현할 기회를 주지 않았고, 그녀는 결국 수용소에서 짧은 생을 마감하고 말았습니다.

우리 모두가 잘 알고 있는 안네 프랑크의 이야기입니다. 안네 프랑크가 남

2장 공감과 연대를 위한 상상력

긴 일기장 속 아름다운 말과 가치의 여파는 굉장했습니다. 이제는 우리 대부분이 안네의 이름을 알 뿐 아니라, 안네가 염원하던 가치를 매일매일 누리고 있습니다. 더 이상 전쟁의 공포를 느끼거나 생명의 위협을 느끼지 않아도 되고, 좁은 곳에 숨어서 두려움에 떨지 않아도 됩니다. 원하는 곳은 어디든 갈 수 있고 만나고 싶은 사람을 만나, 하고 싶은 이야기를 하며 자유롭게 뛰고 바람을 맞고 나의 시간을 누릴 수 있지요.

하지만 안네가 꿈꾸던 이 자유를 우리는 진짜 제대로 누리고 있는 걸까요? 내 마음이 향하는 방향으로 가기엔 아직 아는 게 없어서, 원하는 곳으로 가기엔 시험 기간이라 시간이 없어서, 원하는 일을 해보기엔 아직 학생이라 돈이 없어서…. 수많은 변명과 망설임으로 진정한 자유를 느끼지 못하고 있는 것은 아닐까요?

우리가 너무 당연하게 여겨 이제 더 이상 꾸지 않는 꿈들이 있습니다. 안네의 자전거 타기가 그렇습니다. 하지만 그 꿈들은 여전히 빛나고 값지며 아름다운 것입니다. 그런 꿈들을 빌려 보았습니다. 우리가 잊고 있었던 소중한 일상을 간절히 원했던 사람들의 꿈을 빌려 대신 살아보았습니다. 어떤 것은 너무 익숙하고 일상적인 행동이라 새삼스러운 기분이 들었습니다. 그렇지만 이렇게 아무렇지 않은 평범한 하루가 누군가에게는 무척 간절했을 거라고 생각하니 울컥하는 마음도 들었습니다. 이제 이 소중한 경험을 여러분께 들려드리려 합니다. 여러분이 대신 살아보고 싶은 꿈은 무엇인가요? 그 꿈을 대신 살아보며 간절하게 오늘의 내 하루를 꿈꾸었을 누군가의 마음에 공감해봅시다. 그리고 이 순간에도 아름다운 매일, 매 순간의 아름다움을 누리지 못하는 지구 곳곳의 또 다른 꿈꾸는 이들을 떠올리고, 모두가 각자의 꿈을 이루기 위해 어떤 세상을 만들고 싶은지 생각해봅시다.

위안부 피해자 할머니의 꿈, 나는 무엇이 되고 싶은가

김숲(15세)

　일제 강점기 당시 평균 16살의 꿈 많던 꽃다운 소녀들은, 일제에 강제징용되어 가족과 떨어져 일본군에게 무자비하게 유린당했습니다. 우리 모두 잘 알고 있는 위안부의 이야기입니다. 지극히 행위자의 입장에서 서술된 용어인 위안(慰安). 이는 당사자에겐 크나큰 고통이었을 것이며, 꿈 많고 아름답던 어린 소녀들의 인생을 송두리째 바꿔 두 번 다시 이전과 같이 돌아갈 수 없도록 만들었습니다. 그 모든 심정을 이해할 수 없으나 용기 있는 위안부 할머니들의 진술을 통해 조금이나마 그 마음을 짐작할 수 있었습니다.

　전쟁과 야욕의 소용돌이에 휘말린 작은 소녀들에게는 모두에게 그렇듯 평범하고 따뜻한 꿈이 있었겠지요. 어떤 소녀는 노래를 부르는 가수가 되고 싶었을 것입니다. 화가가 되고 싶었던 소녀도, 또는 그저 남들과 똑같은 평범한 삶을 살고 싶었던 소녀도 있었을 것입니다. 그렇게 저마다의 꿈을 가진 소녀들이 결국 꿈을 이루지 못한 채 세상을 떠나기도 했고, 모든 꿈을 덮어둔 채 죄인처럼 살기도 했겠지요. 위안부 피해자 할머니 중엔 조금 늦었지만 뒤늦게나마 자신의 꿈을 이룬 분도 있습니다. 아흔이라는 나이에 가수의 꿈을 이루신 길원옥 할머니처럼요. 길원옥 할머니는 정식으로 앨범도 냈습니다. 평소 즐겨 부르시던 15곡이 수록된 아름다운 앨범이지요. 어릴 때부터 노래 부르는 것이 좋았고, 앉아서 남 흉이나 보는 시간에 노래를 하면 웃음이 피어난다고 했던 할머니!

저는 할머니의 꿈을 생각하며 저도 제가 좋아하는 노래를 불러보았습니다. 노래를 부르며 미움이나 내 마음의 답답함이 사라지고 편안하고 고요한 감정이 어느새 생겨나는 걸 알 수 있었습니다. 이게 바로 노래의 힘이고 길원옥 할머니와 다른 할머니들이 꿈꾸는 평화의 상태인 거겠지요? 할머니의 꿈처럼 제가 가수가 되어본 것은 아니지만 앞으로 언제든 할머니들의 바람처럼 아름다운 노래도 부르고 춤도 추며 평화롭게 살아가고 싶다는 간절한 마음이 들었습니다.

그러나 길원옥 할머니와 같은 경우는 극히 소수에 불과하니, 안타까운 마음이 들었습니다. 꿈이 있는 한 소녀로서 위안부 피해자 할머니들이 가해자의 진심 어린 반성과 사과로 평화를 되찾기를 바랍니다. 또 제 하루와 모두의 내일이 평화로울 수 있기를 간절히 희망해 봅니다.

쓰나미를 겪은 아이들의 꿈, 우리의 꿈으로 이어가다

이유진(15세)

쓰나미가 휩쓸고 간 뒤의 자리는 쓰나미와 함께 바다로 떠나간 생명의 흔적과, 남은 이들의 눈물만이 남아있습니다. 당연하게 여겼던 일상이 하루아침에 평범하지 않게 되어버렸습니다. 단단히 이어져 끊기지 않을 줄만 알았던 사랑하는 사람들을 바다에서 찾을 방법이 없습니다.

동일본 대지진 이후 폐허가 된 후쿠시마

2011년 3월 11일에 동일본 대지진이 발생했습니다. 많은 생명에게 어마어마한 피해를 준 이 지진이 일어난 후, 후쿠시마현에서 핵발전소의 격납용기에 수소폭발이 일어납니다. 인간이 감히 상상할 수 없었던 거대한 지진과 쓰나미 속에 인간의 오만이 만들어낸 핵발전은 2차 피해를 만들었고, 이 때문에 많은 사람이 고통받았으며 그 고통의 중심에는 가장 어리고 연약한 아이들이 있었습니다.

『쓰나미의 아이들』에서는 쓰나미를 겪은 아이들이 쓰나미를 어떤 시선으로 바라보고 있는지 잘 말해주는, 아이들이 직접 쓴 글이 소개되어 있습니다. 그 장면을 생생하게 떠올리게 만드는 글을 읽으며 제 가슴이 아팠습니다.

초등학교 2학년인 스즈키 도모유키라는 아이가 쓴 "아빠 같은 야구선수가 될 테야"라는 글이었는데요, 도모유키의 아빠는 야구를 좋아해 야구선수를 하다 은퇴하고 감독 생활을 하고 계시던 분이셨습니다. 도모유키는 그런 아빠를 보고 자신도 야구선수가 되겠다는 꿈을 가집니다. 아빠와 캐치볼을 하기도 하고, 베팅 연습을 하기도 했습니다.

아빠와 즐거운 시간을 보내는 동안, 도모유키의 꿈도 차근차근 자라나, 학생 야구단에 입단하기도 합니다. 하지만 야속한 쓰나미는 도모유키의 글러브와 방망이를, 그리고 아빠를 앗아갔습니다. 아빠가 죽었다는 사실을 직면하는 것이 힘들었지만, 시간이 지나고 그 사실을 받아들여 글을 쓰게 되었다는 이야기를 읽으며 그 심정이 어떠할지 상상하기 어렵다고 생각했습니다. 고통을 직면하는 것은 아주 힘든 일입니다.

직면하는 순간순간이 누가 때리기라도 한 듯 따갑고 아픕니다. 부모님을 한순간에 잃어버리는 크나큰 고통을 초등학교 2학년의 어린이가 어떻게 받아들일 수 있겠어요? 그러나 도모유키는 상처와 고통의 현실을 외면하지 않고 그 감정과 경험을 야구선수가 되고 싶다는 꿈을 다시 꾸는 계기로 만들었습니다. 지금은 야구를 할 수 없는 상황이지만, 여기서 포기하거나 주저앉지 않고, 다시 시작해서 아빠 같은 야구선수가 될 것이라고 다짐했던 작은 꿈이, 작은 꿈에 그치지 않았으면 좋겠습니다.

또 저는 저의 꿈을 간절히 원한다는 것이 무엇인지 곰곰이 생각해 보았습니다. 제가 원하는 것이 무엇인지 깨닫고 저의 꿈을 위해 열심히 노력하는 것, 청소년이라면 누구나 누리고 있는 권리이고, 때로는 제가 무엇을 원하는지 깨닫기도 전에 노력하라고 요구받기에 부담스럽기도 하지만, 제 미래를 상상하며 설렐 수 있고 다양한 경험을 하면서 스스로에 대해 알아가는 모든 과정이 얼마나 행복한 것인지 느끼게 되었습니다. 도모유키가 꾸었던 간절한 그 꿈을 저도 열심히 찾아가 보려 합니다. 또 미래의 내 모습을 그려보며 그걸 피곤하거나 먼 미래의 일이라고 외면하지 않기로 했습니다.

다라야 청년들의 희망,
책으로 이어지다

김보민(15세)

    쏟아지는 폭격 속이지만, 지하 비밀 도서관을 만들어 책을 읽는 청년들이 있습니다. 하루에도 수십 차례 들려오는 포탄 소리와 언제 죽을지 모르는 불안한 상황 속에서 그들에게 책읽기는 그 무엇보다 편안하고 소중한 행동입니다. 당장 내일 죽을지도 모르는 그들에게 가장 중요한 것이 책읽기라는 사실은 이해하기 어려울지도 모릅니다. 정작 책에 둘러싸여 있는 우리는 독후감을 쓰는 숙제를 하기 싫어서 인터넷에서 베끼기도 하고, 책을 읽지 않는다고 어른들께 구박을 받으니 말이죠. 우리에게 도서관은 그저 에어컨이 빵빵하게 나오는 시험공부를 위한 자습실이 되어버렸고, 동영상에 익숙한 우리에게 활자란 딱딱하고 재미없는 것으로 전락해 버렸습니다.

    하지만 시리아 내전의 중심에 있는 그들에게 책은 종이 뭉치 이상이었습니다. '폭탄을 동원한 일방적 강요에 맞선 언어의 선율'이었습니다. 다라야의 지하 비밀 도서관은 끔찍한 상황으로부터 그들의 영혼을 지켜주었습니다. 고통과 인간애의 상실로부터 보호막이 되어주었고, 목소리가 되어주었으며 귀가 되어주었죠. 모든 것이 파괴되어 갈 때, 전쟁 속 우뚝 선 희망. 그것이 책이었습니다.

    그들의 꿈을 생각하며 어느 날 아침, 저는 도서관으로 향했습니다. 다라야와는 다르게 하늘은 맑았고 사방은 평화로웠습니다. 도서관은 조용하고 쾌적했으며, 대부분의 사람들이 핸드폰을 만지작거리고 있었습니다. 사서 선생

무너진 집에서 책을 건져올리는 다라야의 청년

님께 가볍게 인사를 하고 책장 앞으로 향했습니다. 첫 책은 내가 제일 좋아하는 소설로, 두 번째는 존경하는 심리학자의 저서, 세 번째는 그냥 표지가 예쁜 책…. 마음에 드는 책을 하나하나 고른 뒤 차곡차곡 쌓아두고 읽었습니다. 차가운 에어컨 바람 때문인지 아름다운 책 때문인지 모를 소름이 돋을 때까지 몰입해서 읽었습니다. 어떤 부분은 쓱 훑기도 하고, 어떤 부분은 한 자 한 자 곱씹으면서 읽기도 하고, 그때의 기분에 따라 내키는 대로 읽었죠. 시간의 흐름이 느껴지지 않을 정도로, 눈이 아파서 눈물이 날 정도로 읽고 또 읽었습니다.

그리고 다음 날도 도서관에 갔습니다. 그저 가고 싶어서, 마음이 내켜서 걸음을 했죠. 가서 다라야 청년들의 이야기를 읽었습니다. 읽으며 생각해보았습니다. '다라야의 청년들이 그토록 원했던 것도 이것이 아닐까?' 그저 좋아하는 책을 도서관에 가서 읽는 것 말이지요. 푹신한 소파에서 읽기도 하고, 책상에 정자세로 앉아서 읽기도 하면서 말입니다.

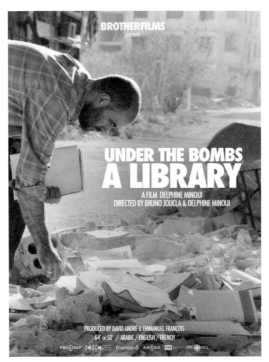

영화 <다라야의 지하 비밀 도서관> 포스터

　책을 읽고 의견을 글로 쓰고 이야기하는 것, 글자 하나하나에 집중하는 것,
이토록 쉽고도 소중한 것이 전부가 아니었을까요? 그런 생각을 하며 저는 또
책장을 넘깁니다. 오늘도, 내일도, 앞으로도 그들의 꿈이 이뤄지기를, 또 그들
의 꿈에 공감하는 이들이 늘어나기를 바라면서 말입니다.

　　　　　　　　　　　　　　　　　　2장 공감과 연대를 위한 상상력

3장

공생의 세계를 위한 정의로운 선택

Doing ●●●●●●●●

깊고 아름다운 산으로 둘러싸인 들판에 한 여성이 앉아 있습니다. 아무도 듣는 이 없지만 정성스러운 목소리로 노래를 부릅니다. 천천히 이어지는 노래는 소박하고 간소한 것이 그녀가 바라보고 있는 하늘, 바람, 산, 나무 모든 것과 닮았습니다.

행복의 나라, 부탄을 배경으로 한 영화 <교실 안의 야크>의 한 장면입니다. 주인공 '유겐'은 4년째 교사로 일하고 있지만, 일에 흥미를 느끼지 못할뿐더러 부탄이라는 나라도 자신에게는 맞지 않는 것 같다고 생각합니다. 그래서 교육 공무원의 최소 계약 기간인 5년이 끝나면 호주로 떠날 생각을 하지요. 교육부 장관은 무기력한 유겐에게 부탄에서, 어쩌면 세계에서 가장 외진 곳인 '루나나'로 발령을 내립니다. 루나나는 인구 56명의 작은 마을인데, 자동차 길이 없어 며칠을 걸어서 가야 하는 곳이지요. 멀리서 오는 선생님을 환영하기 위해 촌장을 포함한 마을 사람 모두가 2시간이 되는 길을 걸어 마중을 나옵니다. 교사로 일하는 것도 싫은데 산촌벽지로 가는 것이 내내 불만이었던 유겐은 사람들의 환대에 마음이 움직입니다.

평온한 루나나 마을에서 일어나는 일상이 담긴 영화를 보는 내내 참 행복해집니다. 아름다운 자연과 그 속에서 필요한 만큼 일하고 먹으며 서로에게 필요한 것을 기꺼이 내어주는 마을 사람들의 모습은 그야말로 생태적 이상향 '에코토피아(Ecotopia)'입니다.

루나나 마을에서 야크는 없어서 안 될 존재입니다. 짐을 실어주기도 하고, 야크의 똥으로 불을 피우기도 합니다. 야크의 젖으로 우유와 치즈를 해 먹고, 죽어서는 고기를 내어줍니다. 루나나 마을에는 전래동요 '야크의 노래'가 있습니다. 자신이 가장 아끼던 야크를 도살해야 했던 목동이 만든 노래인데, 야크와 인간, 인간과 자연, 삶과 죽음에 대한 이야기가 담겨 있습니다. 그런 노래를 그 마을에 사는 '살돈'은 "세상에 바치는 노래"라고 여깁니다. 마치 검은목두루미가 노래를 할 때 누가 듣는지 신경쓰지 않는 것처럼 말이지요. 매일 노래하는 살돈의 목소리에는 힘이 있습니다. 그것이 삶의 진리이고, 원칙이며, 순리이기에 그것을 따르는 삶이 얼마나 자유롭고 행복한지를 그녀의 표정과 목소리에서 느낄 수 있습니다.

여러분은 삶이라는 무대에서 어떤 노래를 부르고 계신지요? 우리는 때로 상대에게 상처를 주는 말을 하기도 하고, 나의 이익을 위해서 진실의 목소리를 삼키기도 합니다. 내 목소리가 얕보이지는 않을까 눈치를 보기도 하고, 잘 보이기 위해 가짜 목소리를 내기도 합니다. 우리의 목소리는 너무 날카롭고 뾰족하고, 때론 비겁하고 모순적이어서 세상에 바치기가 어렵습니다. 언어학자 루드비히 비트겐슈타인은 "언어의 한계는 세계의 한계다" 라고 얘기했습니다. 내가 어떤 목소리를 내느냐는 결국 내가 어떤 세계를 살아가고 있는지를 반영하는 것입니다.

코로나19, 기후위기, 불평등, 인종 차별, 플라스틱 재앙…. 이 모든 문제는 우리가 내뱉은 말과 행동의 결과일 것입니다. 이토록 극단으로 치닫는 위기의 세계는 우리의 이기적이고 편협한 시선과 그에 따른 말과 행동이 만든 한계입니다. 이런 세계에서 우리는 자유로울 수 없고 행복할 수 없습니다.

어쩌면 삶은, 살돈처럼 그 누구의 시선도 신경 쓰지 않고 세상에 바치는 나의 노래를 부르는 일인지도 모릅니다. 아무도 들어 주지 않더라도, 이 세상에 존재하는 만물에 나의 진심을 담아 노래를 부르는 것. 그런 진심 어린 노래들이 바로 세상을 보다 아름답게 만들어가는 것이겠지요. 내 노래를 남과 비교하지 말고, 어떤 평가를 받을지 눈치 보느라 가짜 목소리 내지 말고, 그 노래로 무엇인가 이익을 얻으려 하지 말고, 그저 마음속에 가득한 진심을 노래한다면 분명 이 세상은 평화로워지지 않을까요?

Hope

1

공존을 위한 기후정의

기후위기로 다양한 사회 문제가 발생했습니다. 기후위기는 생명에 직결된 문제이기에 정의의 차원에서 이야기될 수밖에 없습니다. 그런데 기후로 인한 재난을 겪는 대부분의 사람들은 기후위기를 만든 장본인이 아닙니다. 기후변화로 인한 피해는 국가 간, 경제적 계층 간, 세대 간, 생물종 간의 불평등에 기반하여 발생할 뿐만 아니라 불평등을 심화하고 있습니다.

지구의 기온이 상승하고 강수량이 많아지거나 적어지며, 태풍과 허리케인 등이 잦아지는 것으로만 생각했던 '기후변화'에서, 그러한 기후변화가 불평등한 구조 속에서 어떻게 발생했고 또 어떤 영향을 미치는지 살펴봐야 한다는 '기후정의'로 논의가 이동하기까지 정말 오랜 시간이 걸렸습니다. 하지만 이제 더 이상 기다릴 시간이 없습니다.

사실 인류가 마음을 먹으면 문제를 회복할 수 있다는 가능성은 이미 증명된 바 있습니다. 오존층 사례입니다. 1985년, 남극에서 연구를 하던 영국의 과학자들이 오존층이 파괴되고 있다는 사실을 발견합니다. 오존층이 파괴되면 자외선이 지구 표면에 도달해 인간에게는 각종 질병을 야기하고 식물의 성장을 저해하며 해양 생태계까지 망가집니다. 인류는 이 문제를 해결하기 위해 1987년 몬트리올 의정서에서 오존층 파괴의 주요한 원인이 되는 화학물질을 지정해 각국에서 사용 금지를 시도하는 노력을 해왔습니다. 그 결과, 오존층의 구멍은 확장되지 않았고, 완벽하지는 않지만 여전히 회복세에 있습니다.

하지만 마냥 낙관적으로 생각할 수는 없습니다. 지구 온난화를 초래하는 온실가스 감축을 목표로 한 1997년 교토 의정서는 사실상 실패했기 때문입니다. 오존층 문제와 온실가스 문제를 해결하는 것에는 어떤 차이가 있었을까요? 오존층 파괴의 주된 원인이라고 할 수 있는 프레온 가스를 쓰지 않는 일은 비교적 쉬웠고, 온실가스를 발생시키는 주된 원인인 화석 연료를 사용하지 않는 일은 너무나 많은 포기가 필요하기 때문이라는 분석이 있습니다. 하지만 기후정의를 위한 노력은 생명과 직결된 문제인 만큼 쉬우면 하고, 어려우면 하지 않아도 되는 문제가 아닙니다. 인류가 해야 할 일을 할 수 있도록, 윤리적 책임을 실천할 수 있도록, 이를 통해 더 이상 무고하게 희생되는 생명이 없도록 우리 모두가 함께 노력해야 합니다.

● **최준영(16세)**

기후정의가 반드시 이루어져야 하는 이유는 무엇보다도 기후정의가 불평등과 소외를 단적으로 보여주기 때문입니다. 기후위기를 불러온 이들은 그들의 부와 명예로 여전히 안락한 삶을 이어나가지만, 자연과 공생하며 살아가던 이들은 가장 큰 피해를 봐야 했습니다. 이러한 불평등을 해결하는 과정인 기후정의는 단지 기후만을 위하는 것이 아니라 소외되는 이 없이 모두가 더 나은 세상을 향해 통찰하는 과정을 포함하고 있습니다. 기후정의는 자연과의 공존을 위한 삶의 형태로 전환하는 과정입니다. 공존하는 삶은 우리 사회에 여전히 드러나는 부정의와 불공평에 대항할 수 있는 하나의 힘이 되어줄 것입니다. 개인 중심이나 인간 중심에서 벗어나 멀리 바라본다면 우리가 묵살하고 있던 이들의 의견을 충분히 존중해준다면, 설령 그것이 동물이나 식물일지라도 그 모든 과정이 기후정의를 향한 과정이고 모두를 위한 세상을 만드는 방법입니다.

● 김희찬(16세)

기후 문제를 해결하는 것은 간단하지만 어려운 문제입니다. 왜냐하면 우리가 지금 누리고 있는 많은 것들을 포기하길 요구하기 때문입니다. 화석 연료 사용도 포기해야 하고, 산림을 파괴함으로 인해 얻는 많은 이익도 포기해야 합니다. 많은 손해가 있는 것처럼 보입니다. 하지만 조금만 더 생각해본다면 손해가 아니라는 것을 알 수 있습니다. 우리가 기후 문제를 해결하기 위해 노력을 한다면 자연은 돌아올 것이고, 다시 자연과 공존을 할 수 있습니다. 하지만 우리가 기후 문제에 대해 생각하지 않고 그저 단기간의 이익만 생각해 자연과의 공존을 택하지 않는다면 결국 우리가 맞이하게 되는 것은 공멸뿐입니다. 다른 사람이 기후 문제를 해결해 줄 것이라는 안일한 생각은 버리고 먼저 노력을 해봅시다. 우리가 살아가는 사랑하는 삶의 터전인 지구를, 자연을 다시 살리기 위해 같이 기후정의를 실현해봅시다.

2021년 여름에 발생한 폭우로 독일의 한 마을이 초토화되었다.

● 이진복(16세)

기후위기는 여러 가지 문제가 결합되어 있습니다. 또 사람들이 예전에 비해 공동의 생활 환경을 생각하기보다 개인의 편리함을 더 많이 추구하다보니 기후변화를 개선하는 일을 어렵고 멀게 느끼게 되었습니다. 기후변화는 개선하기 어렵지만 우리에게 다른 선택지라는 것은 존재하지 않습니다. 지금까지 우리가 자연을 대하던 방식이 잘못되었다는 사실을 인정하고 우리가 잘못된 방법으로 누리고 있던 많은 것들을 바꿔야 합니다.

물론 단기적으로 봤을 때는 아주 큰 손해입니다. 어느 날 갑자기 자신이 당연하게 누리던 것이 잘못된 것이라는 걸 인지하고 포기하는 것은 힘든 일이며 경제적으로도 손해입니다. 하지만 이러한 것이 힘들다고 유지하다간 인류의 생존에 큰 문제가 생길 것입니다.

지금 실천하지 않는다면 당장은 편할 것입니다. 자연을 파괴하고 그로부터 얻는 이익으로 잘 먹고 잘살 것입니다. 그러나 다음 세대는 존재하지 않거나 우리를 원망하면서 힘겹게 살아갈 것입니다. 그리고 우리 세대는 당장의 이익에 눈이 멀어 인류의 미래를 포기한 최악의 세대라고 역사의 지탄을 받을 것입니다. 이러한 일이 그저 가정으로만 끝날 수 있기를 바랍니다.

● **허아인(15세)**

물과 전기 절약하기, 일회용품 덜 쓰기 같은 일에서 그치는 것이 아니라 우리가 먹는 것, 쓰는 것들을 바꿔야 합니다. 우리도 자연의 일부이므로 우리가 어떤 선택을 하냐에 따라 지속가능한 모습이 될 수도 있고, 반대로 언제든 멸종될 수도 있습니다. 이 모든 일은 인간인 우리가 자처한 일이므로 모든 책임은 인간에게 있습니다. 기후위기로 일어나는 모든 재해, 재난들은 더 이상 책이나 영화 속의 이야기가 아닌 곧 우리에게도 닥칠 수 있는 일이라는 것을 반드시 인지하고 있어야 할 것입니다.

쉬운 일만 하려고 하지 말고, 그 이상의 일도 스스럼없이 실천할 수 있었으면 좋겠습니다. 앞서 말한 쉬운 일들을 해봤다고 자부했다면 부끄러운 일이라고 생각해야 합니다. 우리에게 많은 도움을 주는 지구에게 더 이상 해충 같은 존재가 아닌, 지구를 더 나은 곳으로 만드는 진주 같은 존재가 되어주면 좋겠습니다. 인간은 지구에게 받기만 하는 이기적인 행동은 그만두어야 합니다.

인간은 마치 지구의 주인인 것처럼 자연을 사용해왔다.

● 박수미라(15세)

오존층 문제 같은 경우 인과가 자세히 제시되고 오존층 문제를 해결하기 위한 노력은 온실가스 문제를 해결하기 위해 희생해야 하는 것보다 적습니다. 오존층 문제의 주요 요인은 프레온 가스였습니다. 사람들은 오존층 문제에 대한 심각성을 인지했고 프레온 가스를 활용한 제품 대신 다른 것들을 사용하기 시작했습니다. 예를 들어, 프레온 가스로 만들어진 헤어스프레이를 쓰지 않고 왁스를 쓰는 방법을 선택하듯이 말이지요.

하지만 온실가스 문제는 인과가 자세히 제시되어 있지만 해결하기 위해 많은 것을 희생해야 합니다. 사람들은 온실가스 문제를 해결하기 위해 화석 연료와 화석 연료를 필요로 하는 제품들을 사용하면 안됩니다. 자동차도 모두 전기자동차로 바꿔야 합니다. 이런 선택들은 많은 노력과 희생을 요구하기에 사람들이 꺼려하는 것 같습니다. 사람들은 급격한 변화를 반가워하지 않기 때문에 서서히 변화해가야 합니다. 온실가스 문제를 해결하기 위해서 화석 연료를 쓰지 않는 시민들의 실천도 필요하지만 사회의 노력과 실천도 필요합니다. 사회는 화석 연료를 쓰는 제품과 화석 연료의 악영향을 많은 사람에게 알려야 합니다.

● 김수희(16세)

지금 일어나는 기후 문제들은 부유한 나라들에 더 큰 책임이 있음에도 불구하고 가난한 나라들이 많은 피해를 본다는 점에서 정의롭지 않습니다. 또한 대다수 어른들이 저지른 환경 파괴, 자연과의 공생을 부정하는 만큼의 과도한 비윤리적인 발전 때문에 이제는 어린이들이 그 일에 대가를 고스란히 안고 가야 한다는 것도 불공평합니다.

그렇기에 우리는 이런 기후위기와 환경 파괴가 이루어지기 전으로 돌아가는 것을 목표로 하는 것을 넘어 긍정적인 '대전환'을 만들어야 합니다. 이 최악의 기후위기 상황에서 윤리적인 책임을 다하는 것은 우리 모두가 이 생태계의 일원이라는 것을 깨닫는 것입니다. 이 세계에서 벌어지고 있는 모든 문제는 미래에 일어날 문제와 맞닿아 있다는 것을 인지하고 자신이 할 수 있는 것을 찾아서 실천해 나가는 것이 지금 우리가 해야 할 일입니다.

2

지속가능한 미래를 위한 선택

2020년 6월, 우리나라를 들썩이게 한 법이 있습니다. 바로 재포장금지법인데요. 재포장금지법이란 생활폐기물을 줄이자는 취지로 이미 생산된 제품을 다시 포장해 판매하는 것을 금지하는 법령입니다. 원래 계획대로라면 그다음 달부터 시행되었어야 하는 법인데, 시민들의 거센 반대로 시행이 6개월 정도 늦춰졌습니다. 생활폐기물을 줄이자는 취지의 좋은 법인데 사람들이 왜 반대했을까요? 나만 편하면 된다는 이기심 때문입니다. 하루에도 몇만 톤의 쓰레기가 버려지고 있는데 할인 좀 못 받는 것이 더 큰 권리의 침해라고 여기는 생각 말입니다. 전 세계적인 위기 앞에 내가 잃게 될 조그만 이익에 급급한 마음으로는 결코 지속가능한 세상을 만들 수 없습니다.

재포장으로 인해 나오는 쓰레기는 무려 생활 쓰레기의 35%를 차지한다고 합니다. 재포장을 하지 않아도 할인해 판매할 방법은 얼마든지 있는데,

환경을 고려하지 않은 이제까지의 선택은 실질적으로 지구를 파괴하고 있습니다. 이렇게 우리의 무관심과 무지함에서 만들어진 수많은 물건은 지금 지구를 아주 못살게 굴고 있습니다. 산업화 이후 지구의 온도는 평균 약 1℃ 상승했는데요, 1.5℃가 넘어가면 지구는 생존이 어려운 지경이 된다고 합니다. 지금 우리가 이대로 살아간다면 2030년에는 해수면 상승과 대홍수로 인천국제공항과 해운대 등이 모두 잠길 것이라고 합니다. 그뿐인가요? 지구의 오존층에 나 있는 구멍도 점점 커질 것입니다. 사실 변화는 이미 일어나기 시작했습니다. 전 세계 곳곳에서 일어나는 극단적인 날씨는 기후위기의 증거입니다.

재포장금지법을 강력하게 반대했던 사람들이 하나같이 주장한 것은 다름 아닌 '소비자의 권리'였습니다. 재포장금지법이 시행될 시 묶음 할인이 어려워질 것이라는 점에서 말입니다. 편리한 소비생활을 할 권리, 이윤을 추구할 권리가 소비자에게 있다는 것은 당연한 이야기입니다. 인간이라면 합리적이고 경제적인 이득을 추구하려는 본성이 있다는 말도 있죠. 그러나, 이러한 권리들이 생명을 짓밟는다고 하더라도 추구할 만한 가치가 있냐고 묻는다면, 절대 그렇지 않습니다.

우리는 종종 인간의 이기적인 행동을 '자유와 권리'라는 이름으로 정당화하곤 합니다. 아름답게 치장할 자유를 내세워 밍크의 가죽으로 옷을 만들고, 쾌적한 환경에서 일할 권리를 주장하며 그렇게 덥지 않은 날씨에도 에어컨을 틉니다. 이런 상황들을 보고 있자면 부끄러움을 느낍니다.

철학자 사르트르는 인생은 탄생(Birth)과 죽음(Death) 사이의 선택(Choice)이라고 말했습니다. 즉, 삶은 선택의 연속입니다. 선택 하나하나는 내 삶뿐만 아니라 다른 이들의 삶을, 더 나아가 세계를 구성하게 됩니다.

그래서 인간다운 선택을 하는 것이 필요합니다. 모든 생명과 공생할 줄 아는 존엄한 인간으로서 선택하는 것이죠. 소비자의 권리와 생명의 존엄성 가운데 무엇이 더 무거운지, 더 소중한지를 인지할 줄 아는 인간이 되는 것입니다.

자연을 인간을 위한 수단으로 생각하는 사고는 이제 그만두어야 합니다. 지구는 자연과 인간이 서로를 이해하고 존중할 수 있는 공생의 공간이어야 하며, 공생을 실천할 방법은 충분합니다. 지속가능한 세계의 내일을 만들자고 이야기하는 사람들이 세계 곳곳에 많아지고 있습니다. 그들은 이제 인간다운 선택을 하자고, 인간다운 삶을 살자고 말합니다. 지구의 고통을 줄이는 것은 결국 인간의 상처를 줄이는 일이기 때문입니다.

● 임찬우(15세)

스웨덴의 기후정의 활동가 그레타 툰베리는 전 세계에서 가장 유명한 청소년이자 유력한 노벨 평화상 후보로 거론되고 있습니다. 그녀의 행보가 세상을 바꾸고 있기 때문이죠. 11살에 그녀는 기후변화와 이로 인한 위기가 이렇게 심각한데도 무감각한 사람들을 보고 큰 충격과 좌절감에 빠졌고, 아스퍼거 증후군을 겪으며 오직 기후위기에 대해서만 말을 하기도 하였습니다. 그러다 15살이 되었을 때 마침내 그녀는 매주 금요일마다 학교에 가지 않고 스웨덴 국회 앞에서 1인 피켓 시위를 시작했습니다. 피켓에 쓰인 문구는 '기후를 위한 등교 거부'입니다.

그녀의 이 작은 행동이 일으킨 물결은 전 세계로 퍼져나갔습니다. 그녀의 등교 거부 운동에 자극받은 전 세계 수많은 청소년은 비록 투표권이 없어 정치에 직접적 영향을 주지는 못하지만, 등교 거부를 통해 기성세대가 기후변화에 대한 책임을 져달라는 목소리를 높이고 있습니다. 이들은 기후위기로 우리가 살아가는 미래가 위험해지는 것을 방관할 수 없다고 말하며, 학교에서도 우리 시대의 가장 중요한 문제인 기후위기를 중요하게 다뤄 달라고 요구하고 있습니다. 공동의 문제에 책임을 지자고 외치는 그들의 모습이 참으로 빛납니다.

한편 우리의 모습을 돌아봅니다. 우리 사회는 공동의 문제를 개인적으로 해결하면 끝나는 듯한 태도를 보입니다. 미세먼지 문제가 심각해지면 공기청정기가 잘 팔리고, 교육에서 입시 성적이 지나치게 강조되면 사교육 시장이 더욱 커집니다. 문제가 터지면 함께 해결하기보단 '나라도 살아남아야지' 라는 인식이 팽배합니다. 언론에서 어떤 사건이 보도되면 피해자에 대한 위로와 공감보다는 주요 인물에 대한 공격과 비판적인 메시지를 보냅니다. 세계적, 국가적으로 해결해야 하는 문제에 대해서는 '내가 하지 않아도 누군가 하겠지' 라는 막연한 희망을 가질 뿐 직접 나서지는 않습니다. 이 차이는 어디서부터 비롯된 것일까요?

처음 그레타 툰베리가 등교를 거부한다는 사실을 알고 저는 그녀가 학교에 가지 않았으니 공부를 못하게 되겠다고 생각했습니다. 하지만 막상 그녀의 말을 듣고 나서 그 생각이 부끄러워졌습니다. 저는 한국 학교의 교육방식을 항상 비판해왔습니다. 그런데 저도 모르게 학교에 가지 않는 것은 공부하지 않는 것이라는 고정관념에 빠졌던 것입니다. 툰베리의 연설이나 인터뷰의 내용을 들어보면 정말 필요한 공부를 했다는 사실을 금방 알아차릴 수 있습니다. 그녀는 세계의 실상을 알기 위해 노력했고, 이를 바탕으로 행동했습니다. 기후위기 문제에 정말 시급하고 효과적으로 대처하기 위해서 누구보다도 많은 공부를 한 것입니다. 공부는 자신이 진실하고 절실하게 이루고자 하는 것을 위해 애쓸 때

가능한 것이라는 사실을 다시 깨달았습니다.

우리에게 필요한 것은 엄청난 용기나 거대한 사회운동에 뛰어들 실천력이 아니라, 나 자신이 어떤 사람이 되고 싶은지 아주 깊게 고민할 시간입니다. 나의 삶이 존엄할 수 있기 위해, 내 삶이 아름답고 정의롭기 위해 무엇이 필요한지 생각하고 그것에 가닿고자 하는 정말 간절한 마음이 있어야 합니다. 작은 행동도 큰 의미를 품으면 세계를 바꾸는 원동력이 될 수 있다는 것은 이미 증명된 사실입니다. 어느 시대건, 어떤 사회건 사람들은 부당함에 맞서 싸우고 희망을 지키기 위해 노력해왔습니다. 우리는 알아야 합니다. 지금이 아니라면 해결할 수 없는 문제들이 있다는 사실을 말입니다. 그런 것들에 주목할 여유가 없는 우리의 모습에 크게 슬퍼하고 분노해야 합니다.

우리가 끊임없이 저항하고 인간다움을 포기하지 않는다면 세상은 분명 어제보다 더 나은 곳이 될 것입니다.

● 하준수(15세)

분명한 목소리로 "How dare you(어떻게 감히)!"라고 외치는 한 소녀가 있습니다. 스웨덴의 18살 환경운동가, 그레타 툰베리입니다. 전 세계적으로 기후위기 문제가 대두되고 있는 현재 가장 주목받는 인물이기도 합니다. 그녀와 함께 전 세계의 수많은 청소년이 참여하고 있는 '미래를 위한 금요일' 시위는 환경 문제의 심각성을 일깨우는 목소리입니다.

그레타 툰베리가 특별한 점은 모두가 직면한 위기를 알아채는 능력도 있지만, 그것을 행동으로 옮기는 실행력입니다. 엄청난 화석 연료를 사용하는 비행기를 타는 대신, 경주용 요트를 타고 대서양을 건넌 그레타 툰베리는 '2019 유엔 기후행동 정상회의'에서 전 지구적인 문제를 방관한 기성세대의 무책임한

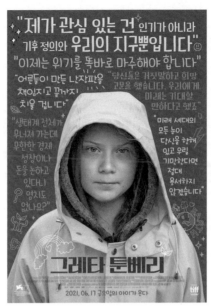

영화 <그레타 툰베리> 포스터

태도를 강하게 비판했습니다. 연설이 끝난 후, 회의장에서는 마침내 우레와 같은 박수가 터져 나왔습니다. 그레타 툰베리가 이야기했던 새로운 보편적 가치들과 인류가 짊어져야 할 무거운 짐을 비로소 인정한 것입니다.

하지만 2년의 세월이 지난 현재, 각국 수장들의 수많은 약속은 어떻게 지켜지고 있나요? 대다수가 변화의 물결을 피부로 느낄 수 없다고 말합니다. 정부와 환경단체가 시작한 환경운동과 캠페인은 새롭게 떠오르고 사라지기를 반복하지만, 우리나라에서는 환경 관련 행사의 참가율도 저조하고, 기후위기와 관련된 단어들을 매우 꺼립니다. 어떤 문제에 대해서든 해결의 근간이 되어야 할 우리의 인식이 아직 정체되어 있고 편안한 상태만을 고집한다는 쓸쓸한 생각이 들었습니다.

무엇이 우리를 변화하지 못하게 하며, 위기에 둔감해지게 할까요? 원래 살던 방식대로, 편한 방식대로 살고자 하는 마음을 어떻게 떼어내고 도약을 꿈꿀 수 있을까요? 다큐멘터리 영화 <그레타 툰베리>가 이에 대한 단서를 줍니다.

영화는 거리에 앉아 있는 그레타 툰베리의 모습을 담으며 시작합니다. 학교에 가지 않은 채 손팻말을 들고 시위하는 그레타 툰베리 앞으로 수많은 사람이 지나갑니다. 어떤 이들은 일말의 관심도 보이지 않은 채 지나가는 사람들도 있고, 걱정과 신기함이 담긴 눈빛만 보내는 사람들도 있습니다. 이들에게 그레타 툰베리는 곧 마음이 바뀔 유약한 소녀일 뿐이었습니다. 어떤 사람들은 옆에 앉아, 질문을 주고받으며 그레타의 이야기를 듣습니다. 기후위기의 심각성을 잘 알거나 이에 관심이 있는 사람일 수도 있고, 누군가의 간절함에 귀 기울일 준비가 된 사람들일 수도 있습니다. 그러한 관심에 힘입어 그레타는 텔레비전, 라디오 방송에도 나가게 되고, '미래를 위한 금요일'이라는 시위는 스웨덴을 넘어 전 세계로 퍼져나갑니다.

영화는 환경운동가로서, 한 인간으로서 그레타 툰베리를 균형 있게 비춥니다. 오염 물질을 내뿜는 항공기와 크루즈를 거부하고 거대한 규모의 시위를 지휘하듯 이끄는 모습은 환경운동가가 틀림없지만, 아빠와의 대화와 행동 속에서는 아직 아이인 그레타 툰베리를 볼 수 있습니다. 그래서 환경운동의 상징이 되어 겪고 있는 여러 현실적 문제가 너무 버거워 보였습니다. 단지 심각한 문제에 대해서 우리 모두 관심을 기울여 함께 해결하자는 것뿐인데, 사회는 그레타에게 갖가지 모욕의 언어를 내뱉습니다. 가짜 뉴스와 인신공격, 살인 예고까지 어린 소녀가 감당하기에 벅찬 혐오였습니다.

이는 세계를 변화시키고자 하는 어린 여성들에게 곧잘 일어나는 일입니다. 말랄라 유사프자이도 그러했습니다. 소녀들의 교육환경에 대한 진실을 알리다

기후위기를 끝내고 정의의 시대를 열기 위해 시위에 참여한 사람들

실제로 탈레반에게 공격을 당한 말랄라 유사프자이와 탄소배출을 유지하며 평온한 삶과 경제적 이득을 취하려는 세력에게 공격받는 그레타 툰베리의 모습이 겹쳐 보이기도 합니다.

코로나19로 인한 팬데믹이 시작된 후, 사람들은 바이러스의 진원지를 찾아 두리번거리기 시작했습니다. 발병지로 지목된 중국부터 시작해 아시아인 전체를 향한 혐오로 확대되었습니다. 전 세계가 다 같이 힘을 모아 이 시련을 이겨나가기 위한 대책을 마련하기 바쁜 시기에 누구를 원망할지, 누구를 미워할지 찾던 시도는 어떤 긍정적인 효과도 주지 못했습니다. 도덕적이지도 않고 효율적이지도 않은 이런 행동도 무책임한 태도라고 할 수 있습니다. 인류는 이런 경험을 이미 중세 때 겪은 적이 있습니다. 흑사병과 종파 간의 다툼, 30년 전쟁 등 불행이 끝없이 이어지던 중세와 근세에는 마녀사냥이 공공연하게 벌어졌습니다. 각 지역의 수장들은 불공평한 계급사회와 척박한 환경에 대한 대중의 분노를 해소하기 위해 많은 여성과 장애인, 정신병을 앓고 있는 환자를 잔혹하게 살해했습니다. 그들이 죽어도 현실에서 달라지는 것은 없는데도, 사람들은 마녀사냥을 멈추지 않았고, 마녀사냥을 주도한 사람들은 죄책감도 느끼지 않았습니다.

기후위기 역시 마찬가지입니다. 기후위기를 야기하는 수많은 원인에 대해 우리는 이미 잘 알고 있음에도 근본적인 문제의 해결을 위해 생활양식을 바꾸고 발전한 기술과 지성을 모으는 대신 가짜 뉴스와 기후위기를 고발하는 소녀를 비난하는 것으로 불안과 현실적인 위기를 모른 척하고 있습니다. 공동의 위기를 내버려 둔 채 혐오와 차별만으로 무책임하게 행동한다면, 우리 공동체의 미래가 어떨지는 분명해 보입니다.

영화를 보면서 이 영화가 우리 모두에게 같은 질문을 하고 있다는 생각이 들었습니다. 우리의 모습은 과연 어떠한지 돌아보라고 말이지요. 영화는 우리에게 지금 이 순간 필요한 것은 말과 생각이 아니라 행동이라고 말하는 것 같습니다. 옳은 일에 동참하라는 것입니다.

그레타 툰베리는 위대한 영웅이 아닙니다. 이 세계를 구원할 사람도 아니고요. 그냥 먼저 짐을 짊어진 사람이라고 생각합니다. 문제를 직면하고도 무책임한 태도로 일관하는 사람들 사이에서, 행동하는 힘으로, 마땅한 의무를 실행해 나가고 있을 뿐입니다. 우리 또한 책임 있는 태도로 진정한 변화를 위한 동참을 시작해야 합니다. 각자의 생활에서, 가능한 만큼의 짐을 지는 것으로 말입니다. 그레타 툰베리의 "How dare you!"라는 외침을 스스로에게 던져봅시다.

어떻게 감히 무책임하게 죄 없는 생명의 죽음을 방관하고, 무너지는 미래를 모른 척할 수 있는지, 아무것도 바꾸지 않고 변화를 꿈꾸는지. 그녀의 질문은 특정 대상을 향한 분노가 아니었습니다. 사람들을 행동하도록 일깨우는 희망의 말이었음을 이제야 알게 되었습니다.

● 이선우(17세)

지금 우리가 마주한 환경 위기의 상황은 무척 암울합니다. 기후변화는 점점 우리 삶에서 위협적인 존재가 되어 가는데, 지금 당장 이 문제를 해결하려는 움직임은 눈에 잘 보이지 않기 때문입니다. 하지만 인간은 빙하기와 같이 견디기 어려운 환경변화에도, 전쟁과 전염병 같은 위기에서도 어려움에 맞서 변화해왔고, 문제를 해결할 방법을 기필코 찾아냈습니다. 그러므로 지속가능한 내일을 만드는 것은 우리에게 가장 시급한 숙제이며, 동시에 가장 가슴 뛰는 도전입니다.

지속가능한 미래를 위해 멋진 여행을 떠난 두 사람이 있습니다. 첫 번째는 호주에서 활동하는 배우이자 감독인 데이먼 가뮤이고, 두 번째는 기후변화의 흔적을 따라 가족과 함께 여행을 떠난 야나 슈타인게써입니다.

영화 <2040> 감독 데이먼 가뮤는 이제 막 세상에 관심을 갖기 시작한 어린 딸이 성인이 될 때쯤 세상은 어떤 모습을 하고 있을지 상상했습니다. 석유와 석탄이 고갈되어 에너지가 권력이 되고 불평등의 원인이 되는 세상, 쓰레기가 곳곳에 가득하고 전염병이 일상이 된 세상, 인간이 감당할 수 없는 자연재해가 끊임없이 일어나고 그로 인한 피해가 상상을 초월하는 세상. 데이먼 가뮤는 그런 세상을 딸에게 남기고 싶지 않았습니다. 그러지 않기 위해서, 완전히 다른 미래를 만들 최선의 선택이 무엇인지 찾아 떠나는 영화 <2040>을 만들었습니다.

영화 <2040>

　<2040> 영화를 만들게 된 여러 가지 동기 중 하나는 기후변화에 대한 진실을 사람들에게 알리고 이를 막자고 설득하고 싶은 마음이었다고 합니다. 데이먼 가뮤는 사람들이 스토리텔링을 통해 상상력을 충분히 자극받을 때 이해를 더 잘한다고 믿었습니다. 그래서 자원을 좀 덜 쓰고, 덜 바쁘게 살아도 충분히 더 나은 삶이 가능하다는 사실을 최대한 효과적으로 영화에 담고자 노력했다고 합니다.

　데이먼 가뮤의 이런 신념은 '이야기의 힘'을 믿는 것에서 비롯합니다. 데이먼 가뮤는 이야기가 전부라고까지 이야기합니다. 한 사회를 구성하고 있는 사람들이 어떤 이야기를 공유하고 있냐에 따라 그 사회의 모습은 달라진다고요. 안타깝게도 대부분의 현대 사회는 인간이 자연을 지배하고 착취할 수 있다는 이야기들을 믿고 있습니다. 하지만 점점 심해지는 자연재해 앞에서 인간은 무

력하고, 우리에게는 이 위기를 전복할 새로운 이야기가 필요합니다. 많은 과학자들이 밝혀낸 정보를 사람들의 마음에 전달할 수 있는 예술가들의 역할이 더 중요해질 것이라고 데이먼 가뮤는 말했는데요.

야나 슈타인게써야말로 데이먼 가뮤가 말한 그 역할을 해내고자 하는 예술가입니다. 기자이자 작가인 야나 슈타인게써는 기후변화의 흔적을 따라 가족들과 여행한 이야기를 『세계의 내일』이라는 책을 통해 세상에 공개했습니다. 직접 눈으로 본 지구의 모습은 절망적이라고 말하는 것이 솔직한 표현이었다고 합니다. 쓰레기로 가득하고 기후변화로 완전히 달라진 모습을 하고 있는 자연의 모습도 그렇지만, 그 위기에 제대로 대처하지 못해 완전히 망가진 사람들의 삶도 보았기 때문입니다.

하지만 세계의 내일을 포기할 수 없다고 말합니다. 이렇게나 작은 존재인 인간이 전 지구적인 영향을 미칠 수 있다면, 반대로 인간이 가진 기술, 지능, 창의성, 공감 능력, 미래를 볼 수 있는 성찰, 이러한 것들을 긍정적인 방향으로 활용할 수도 있기 때문입니다.

지속가능한 미래를 위해서 친구, 가족, 이웃 등 많은 사람과 함께 좋은 생각들을 나눠야 합니다. 그 방식은 정확히 정해져 있는 것이 아닙니다. 나의 선택이 세계에 영향을 미친다는 사실을 알고, 희망의 전파자로서 역할을 다 한다면, 우리의 삶은 풍요로워질 것입니다. 야나 슈타인게써의 메시지를 공유합니다. "자신에게 영감과 긍정적인 에너지를 주는, 낙관을 갖게 하는 실천들을 많이 하시고, 그로부터 생겨난 생각들을 많은 사람과 공유하시길 바랍니다. 여러분이 바로 새로운 세계의 내일을 만드는 주인공입니다. 희망은 우리의 정의로운 선택에서 비롯된다는 것을 잊지 않길 기원합니다." 세계의 내일이 우리의 손에 달려있음을 기꺼이 받아들이고 정의로운 선택을 해낼 수 있길 바랍니다.

3

공생의 세계를 만드는 일상의 실천

여러분은 살아있는 동물과 어떤 관계를 맺어본 적 있나요? 주로 반려동물이나 동물원에서 만난 동물을 기억할 것입니다. 그리고 그들을 귀여워하거나, 신기해하거나 때론 무서워하거나, 반려동물을 기우고 있다면 가족의 일원으로 사랑하는 마음을 가지고 있을지도 모르겠습니다. 우리가 동물에게 그 이상의 감정을 갖기 어려운 것은 동물을 직접 만나거나 접촉하여 감정적으로 느낄 기회가 없기 때문입니다. 우리의 옷이 되기 위해, 혹은 식사가 되기 위해 공장식 사육을 당하는 동물, 서식지를 잃고 쫓겨나는 동물, 멸종 위기 동물, 이런 동물들이 고통을 받고 있다는 이야기는 자주 들었지만 한 번도 그 세계를 들여다본 적도 없고, 교감하거나 그들이 고통받고 있는 현실을 느껴본 적도 없습니다. 사람들은 동물이 귀엽다고 스트레스를 줄 때까지 만지거나 몸에 좋지 않은 음식을 주기도 합니다. 이는 그들과 진심으로 소통하고 감정을 나누면서 그들에게서 배우고 밀접한 관계를 맺는 경험이 부족하기 때문에 나타나는 모습이 아닐까요? 모든 생명이 나와 같이 모든 걸 느끼고 볼 수 있기 때문에, 항상 존중하는 마음으로 대해야 한다는 사실을 알기는 하지만 동식물과 그런 식의 관계를 맺어본 경험이 거의 없습니다. 그래서 우리는 우리 생각에 좋을 것 같은 방식으로 대하지요.

코로나19는 지구에 사는 모든 생명이 연결되어 있고, 이제는 사람 중심이 아닌 모든 생명을 생각해야 한다는 것을 일깨워주었습니다. 우리는 자연과의 관계를 새롭게 형성해야 합니다. 인간이 자연의 일원이라는 인식을 바탕으로 한다면, 분명 지금과는 전혀 다른 삶의 방식이 가능할 것입니다. 인간의 이득만을 생각하고 모든 뒷감당은 자연에 떠넘기는 관계가 얼마나 잘못된 것이었는지는 이미 사라진 생명이 증명하고 있습니다. 일상의 실천을 모아 공생의 세계를 함께 열어갑시다.

● 김보민(15세)

저에게 "넌 뭘 제일 좋아하니?"라고 물으면, 전 항상 "하늘!"이라고 답합니다. 핸드폰 속 하늘 사진만 100장 넘게 있을 정도죠. 하늘은 정말 다양한 모양을 가지고 있습니다. 새벽의 축축한 하늘은 왠지 모를 위로를 주고, 낮의 하늘은 너무 높아서 쳐다보고 있으면 날아갈 것 같습니다. 노을 지는 하늘처럼 마음이 뭉클해지는 것은 없고, 밤하늘만큼 하루를 정리하는데 적합한 것은 없을 겁니다.

하늘이 황홀할 만큼 예쁜 어느 날이었습니다. 붉게 물든 하늘과 옅게 편 구름은 넋을 놓고 사진을 찍게 하였습니다. 혼자만 보기엔 너무 아까운 하늘이라 친구들에게 연락해 하늘을 보라고 호들갑을 떨었지요. 하지만 돌아오는 대답은 한결같았습니다. "아, 나 학원에 있어서", "사진 보니까 예쁘네", "숙제하느라 바빠." 삶이 너무 바쁜 친구들은 고개 한 번 들 생각도 못했나 봅니다. 그 뒤로는 매일매일 하늘을 찍었습니다. 그리고 그중 가장 예쁜 모습을 '오늘의 하늘'이라는 제목과 함께 친구들에게 보내주었습니다. 친구들에게 지금 하늘 좀 보라고 알림 문자를 넣기도 하고, 그날 친구 기분에 맞는 분위기의 하늘 사진을 찍어 보내주기도 했습니다.

하늘을 보는 것은 저에게 정말 행복한 일입니다. 아름다운 하늘을 친구들이 바쁜 생활 때문에 볼 수 없다는 안타까움에 시작한 '오늘의 하늘' 프로젝트는, 많은 친구에게 웃음과 위로를 주고 있습니다. 일간 신문 편집자가 된 것처럼, 어쩌다가 사진을 안 찍은 날에는 독촉 전화가 오기도 합니다. 그렇게 전 오늘도 하늘 사진을 찍어서 친구에게 보내며, 혼자 하늘을 볼 때보다 훨씬 행복합니다.

● 박서영(14세)

예전에 가족들과 바닷가에 놀러 간 적이 있었습니다. 재미있게 놀았는데 그 해변에 갑자기 많은 쓰레기가 밀려 왔습니다. 그 쓰레기들 사이에 물고기 사체들 또한 많았습니다. 너무 놀라서 많이 놀지 못하고 바로 집으로 왔습니다. 그 이후 저 쓰레기를 버린 것은 우리 인간인데, 피해를 받는 것은 인간뿐만 아니라 바다에 사는 많은 생명체라는 생각을 하게 되었습니다. 그래서 그때부터 쓰레기를 아무 데나 버리지 않습니다. 아이스크림 껍데기는 잘 접어서 가방 주머니나 옷 주머니에 넣어 쓰레기통을 찾아 버리거나 없으면 집에 와서 버립니다. 예전에는 '저 작은 쓰레기가 뭘 어떻게 하겠어?'라고 생각했는데, 바다거북의 코에 빨대가 들어가 고통받는 사진을 본 후로 이건 정말 다신 해서는 안되는

바다에 생물체보다 인간이 버린 쓰레기가 더 많아지고 있다.

생각이라는 것을 깨달았습니다. 이렇게 쓰레기를 챙겨 집에 와 버릴 때는 약간의 뿌듯함도 느끼곤 합니다. 하지만 '과연 이렇게 한다고 괜찮아질까?'라는 생각이 들기도 합니다. 그런 생각이 들 때 길거리를 나가보면 됩니다. 길거리에는 종류가 다양한 쓰레기들이 많습니다. 바로 나 하나쯤이야 생각한 사람들이 버린 쓰레기들이지요. 작은 행동이 모여 나중엔 크게 돌아올 것이라 믿습니다. 이런 저의 행동이 지구에 약 한 번이라도 발라줄 수 있는 계기가 되면 좋겠습니다.

● 이유진(15세)

사회생물학자 에드워드 윌슨의 『지구의 절반』을 읽고, "우리가 평소에 아주 많이 사용하는 종이나 물, 플라스틱 등과 같은 것들을 딱 절반만 줄여보는 것은 어떨까?"라고 생각하여 일단 한번 해보자는 마음으로 '지구의 절반 프로젝트'를 시작했습니다. 지금 저에게 아주 익숙한 습관이 되었습니다. 예를 들어, 페트병에 든 음료수를 잘 구매하지 않습니다. 꽤 좋아했던 음료수가 있었는데 이 페트병에 담겨있는 음료수를 먹으면 당장은 기분이 좋을 것이지만 고통받는 생명들을 떠올리면 분명 후회할 일이라 얼른 내려놓습니다.

일회용품을 줄이며 이면지도 많이 사용합니다. 친구한테 이러한 실천을 이야기하니 참 대단하다는 답이 돌아왔습니다. 그렇게 신경을 쓰면 피곤할 것 같다고 말이지요. 하지만 시작해보니 어려운 것도 아니었고, 저의 작은 노력이 세계의 옳음에 가닿는다고 생각하니 행복하기까지 했습니다.

저는 피곤하지 않습니다. 앞으로는 지금 하고 있는 이 프로젝트를 점점 확장할 예정이므로 조금 피곤해질 수도 있습니다. 하지만 지금 제가 행복하고, 미래의 저도 행복할 것이라고 믿습니다. 여러분도 지구의 절반 프로젝트 함께 해요!

● 이선우(15세)

저는 일주일에 한 번 글을 씁니다. 우리가 살고 있는 이 세계를 조금 더 나은 세상으로 만들 수 있게 이끌어주는 책을 읽고, 제 생각과 느낌을 담아 완성하는 글입니다. 물론 지금 제가 쓰고 있는 이 글도 마찬가지지요. 저에게 책을 읽고 또 글을 쓴다는 것이 쉽진 않습니다. 하지만 저는 이런 활동을 하는 저의 모습이 좋습니다. 제가 느끼는 이 어려움이 가치 있다는 사실을 압니다. 특히 제 글을 다른 친구들에게 들려주고, 친구들의 이야기를 듣거나 또 그 이야기를 학교에 가서 나눌 때 저는 제가 살아있음을 느낍니다. 제가 이런 책들을 읽지 않았더라면, 글을 쓰지 않았더라면 인생을 그저 그렇게 지냈을 것입니다. 잘못된 일에 대해 분노하고, 세상의 모순을 보며 눈물 흘릴 수 있다는 사실이 기쁩니다. 기아, 난민, 교육, 환경과 같이 우리가 지금 주목해야 할 문제, 가장 근본적인 문제를 제가 알 수 있고, 또 고민할 수 있다는 것에 감사합니다. 이 글이 앞으로 어떤 새로운 가능성을 열게 될지 가슴 설레며 지금도 이 글을 쓰고 있습니다.

● 임서희(14세)

삶이 하나의 노래를 부르는 일이라면, 저는 앞으로 인간들을 위한 노래가 아닌 동물, 식물, 곤충들을 위한 노래를 부르고 싶습니다. 요즈음 동식물이 이유도 모른 채 많이 죽어가고 있습니다. 바로 인간들 때문입니다. 환경오염, 식용, 모피, 플라스틱…. 그렇기에 이 노래의 가사에는 동식물이 인간들 때문에 죽어가고 있다고, 미안하지 않으냐는 내용이 들어가면 좋겠습니다.

사람들이 단순히 불쌍하다, 미안하다는 감정이 아니라 다른 생명을 걱정하고 염려하는 것이야말로 나의 생명을 가장 건강하게 지킬 수 있는 방법이라는 걸 깨닫게 된다면 이 노래가 세상에서 정말 가치 있는 노래가 될 것입니다.

● 박수미라(15세)

저는 세상에 불만이 많습니다. 그래서 대부분의 뉴스를 볼 때 부정적이고 삐딱하게 봅니다. 다만 예외가 있습니다. 반려동물이 주인을 구했다든지, 어려운 상황에서 더 어려운 이웃을 도왔다든지, 지구의 미스터리 중 하나를 힘을 모아 연구 중이라든지…. 이런 뉴스는 저를 행복하게 만듭니다. 부정적인 시선을 가진 저를 행복하게 만드는 것은 긍정적이고 따뜻한 세상의 이야기입니다.

그래서 제가 부를 '세상에 바치는 노래'에는 그런 긍정적인 가치와 인류애를 드높이고, 다른 사람을 존중하는 가사를 채워 넣을 것입니다. 세상을 아름답게, 공평하게, 평화롭게, 정의롭게 만들 수 있는 가사도 쓸 것입니다. 세상의 모든 차별과 불평등을 비판하고 성 소수자, 장애인 등을 그 자체로 사랑할 것이라고 노래할 것입니다. 정의로운 세상에 맞지 않는 모든 편견과 차별은 노래에 등장하지도 못하게 싹을 잘라버리되, 다 썼다고 생각하지 않고, 더 나은 노래를 위해서 계속 가사를 개선해갈 것입니다. 그러다 보면 저의 부정적인 가치관도 점점 긍정의 에너지로 바뀌지 않을까요?

● 최준영(16세)

제가 보는 세상은 숫자로 채워져 있습니다. 숫자는 직관적이기도 하고 표현하기도 쉽습니다. 그러나 우리가 사는 세상을 모두 숫자로 표현하면 보이지 않게 되는 부분이 많습니다. 우리는 성적도, 돈도 심지어 사람까지도 모든 걸 숫자로 보는 데 익숙하지만, 그 과정 속에 숫자로 나타나지 않는 것을 놓치고 있습니다.

저는 정의로운 세상을 위해 공존의 노래가 필요하다고 생각합니다. 공존이 아니면 공멸뿐입니다. 계속되는 경쟁은 우리를 피폐하게 만들고 불공정을 초래했습니다. 우리가 남들보다 멀리 가기를 목표로 한다면 결코 오래 지속될 수 없습니다. 그러한 경쟁은 결국 1등만 빼고 모두를 불행하게 합니다. 지금 우리에게 가장 필요한 노래는 공존에 대한 것이고, 공존이야말로 훨씬 더 멀리 나아갈 수 있도록 우리를 이끌 것입니다.

자연의 아름다움을 잊지 않아야, 자연을 잃지 않을 수 있다. ⓒJens Steingässer

3. 공생의 세계를 만드는 일상의 실천

135

● 방민서(16세)

저는 사실 동물을 썩 좋아하지 않습니다. 초등학생 때는 개나 고양이, 햄스터를 보면 귀여워서 계속 바라보고는 하였지만, 요즘 그런 동물에 별로 관심이 없습니다. 그 시절, 무턱대고 들이대다가 햄스터한테 물리고 고양이가 할퀸 적이 있어서 더욱 그런 것 같습니다. 그렇다고 해서 고통받고 사라져가는 동물에게까지 무심할 수는 없습니다. 기껏해야 동물이 사라지고 있다는 단편적인 면만 보고, 멸종하는 동물의 개체 수만 보고 안타까워합니다. 우리가 동물을 수치적으로 생각하고 대하는 태도는 인간과 동물이 다르다는 인식에서 오는 것이라고 생각합니다. 인간은 동물을 '도와주고, 구해주는' 존재로 생각하는 것이지요.

하지만 우리 자신이 동물사회의 일원이라는 것을 자각한다면 변할 수 있습니다. 제인 구달은 침팬지를 친구라고 생각하고, 우리 인간과 다를 바 없으며 어쩌면 더 똑똑하다고 생각했습니다. 야생에 있는 동식물을 직접 경험하고 그들과 좋은 관계를 맺었습니다. 사람 또한 동물이라는 것을 느꼈습니다. 이 인식만으로도 우리는 변할 수 있습니다.

● 하준수(15세)

우리는 인간이 다른 생물들보다 우월하다는 시각에 갇혀 살아가고 있습니다. 자연과의 관계에 깊이 배어있는 편견과 오만함, 다른 생명에게 행하는 무관심과 우월함을 가장 잘 설명할 수 있는 표현인 것 같습니다. 저 역시 그렇다는 것을 절대 부인할 수 없습니다.

안타깝고 부끄럽지만, 이제 사람들은 추상적이고 가슴을 울리는 것들에 반응하지 않는 것 같습니다. 자신의 사랑스러운 반려동물을 눈앞에 두고도, 먼

곳에서 일어나는 생명에 대한 폭력과 억압은 실상 주위에 만연해 있음에도 똑바로 바라보기 힘들어합니다. 살생에 가담하고 있다는 사실을 인정하고 싶지 않아 합니다. 그래서 마음과 행동의 변화를 이끌기 위해서는 현실적이고 직접적인 요소들이 필요합니다. 동물들이 겪는 잔인한 폭력을 자신의 반려동물과 연결 지어 생각해 보는 거죠. 더 나아가 분명한 규율과 제도를 만드는 것도 방법이 될 수 있을 겁니다. 움직일 '동(動)'에 물건 '물(物)'이라는 사랑이 없는 삭막한 이름을 바꾸는 것은 또 어떨까요?

● 이재경(15세)

사실 자연의 소리라는 것은 새들이 지저귀는 소리나 비가 풀잎에 떨어지는 소리 정도를 생각하였기 때문에 도시에서 살아가는 제가 자연의 소리를 느끼는 것은 어려운 일이었습니다. 사람들은 경제와 산업을 발전시키면서 자연을 많이 훼손하였습니다. 그러나 더욱 집중해서 소리를 느껴보려 했더니 아예 자연의 소리가 우리 주위에서 사라진 것은 아니었습니다. 친숙한 학교의 마당에 앉아 눈을 감고 소리를 들어보았습니다. 학교에 울려 퍼지는 학생들의 목소리, 멀리서 들려오는 새소리, 누군가 떨어진 나뭇잎을 밟는 소리 같은 것들이 들려왔습니다. 눈을 감고 소리에 집중하니 이상하게 마음이 편안해지는 것을 느꼈습니다.

일주일간 자연의 소리를 느끼려고 노력한 끝에 깨달은 것이 있습니다. 지금은 집중해서 듣지 않으면 자연의 소리를 느끼기 어렵습니다. 환경이 처한 상황도 마찬가지입니다. 작은 동물의 소리, 환경이 망가져 가는 소리 등을 집중해서 들으려 노력하지 않으면 우리는 이 소중한 것들을 다 놓쳐버리게 될 것입니다.

[토론] 세계의 문제는 우리의 문제다

전 세계에는 해결해야 할 수많은 갈등이 있습니다. 개인과 개인 사이의 갈등도 있지만, 국가, 인종, 세대, 종교 등 갈등의 종류는 더욱 다양합니다. 더불어 기후위기와 코로나19를 통해 우리는 새로운 형태의 갈등과 문제들을 발견하게 되었습니다. 갈등을 해결해나가기 위해서는 문제의 근본적인 원인이 무엇인를 살펴야 하는데요. 우리 시대 대부분의 문제는 이기적 자기 중심(ego-centric)의 세계관에서 비롯합니다. 그런데 이러한 인식은 공생하는 데 적합하지 않으며, 지속가능한 세계를 위해서는 생태 중심(eco-centric)의 삶의 양식으로 바꾸어야 합니다.

이를 위해 지금 우리에게 가장 필요한 해결책은 작은 목소리에 귀기울이는 일입니다. 작은 목소리에 귀를 기울인다는 것은 어려움에 처한 존재들, 부당한 피해를 입은 사람들, 힘없고 소외된 이들의 목소리를 듣는다는 뜻입니다. 다양한 목소리들이 치열하게 논쟁하고 중재하며 협력해나가는 민주적 경합의 과정을 바탕으로 다같이 상상력을 발휘해 희망을 실천해가는 것이야말로 살아 있는 연대로 가능한 세계일 것입니다.

어떤 존재들과 함께 살아가고 있는지 파악하고, 다른 상황에 있다고 하더라도 이해해보려는 노력의 공감을 통해서 공생은 가능합니다. 함께 살아가는 세계를 만들어야 할 우리가 관심을 가져야 할 문제들은 무엇인지, 연대의 힘을 발휘해 해결해야 할 세계의 문제들을 함께 이야기해 보았습니다.

3장 공생의 세계를 위한 정의로운 선택

모두 깨끗한 공기를 마실 권리가 있다

대기오염이 심각한 네팔의 모습

　히말라야산맥에 위치한 나라, 네팔. 만년설이 있는 그곳의 공기는 아주 깨끗하고 맑을 것이라고 누구나 생각할 것입니다. 하지만 네팔은 오래전부터 심각한 대기오염으로 많은 어려움을 겪고 있습니다. 대기오염은 네팔뿐만 아니라 대부분의 제3세계가 겪고 있는 문제입니다. 오래된 자동차에서 뿜어져 나오는 매연, 선진국에서 후진국으로 옮겨 온 수많은 제조 공장들, 제대로 마련되지 못한 공기 정화 시스템과 같은 문제들 때문입니다. 네팔의 대기오염 문제는 최근에 발생한 연쇄적인 산불로 인해 더 심각해졌다고 합니다.

2021년 3월에 네팔은 건국 이래 최초로 대기오염으로 인한 휴교령을 내렸습니다. 공기질지수(AQI)가 300~400을 넘나드는데, 미국 기준으로 301이 넘으면 가장 위험한 단계라고 하니, 얼마나 심각한지 짐작이 가시나요? 코로나19에도 불구하고 겨우 등교를 재개했는데 대기오염 때문에 학교를 다시금 폐쇄해야 하는 안타까운 상황이 벌어진 것입니다.

네팔이 대기오염을 겪는 것은 단순히 네팔인들의 문제는 아닙니다. 경제적으로 어려운 까닭에 선진국에서 더 이상 쓰지 않는 오래된 경유차를 수입해 쓸 수밖에 없습니다. 선진국은 쓸모없는 쓰레기를 선심 쓰듯 팔아넘기면서 어떠한 책임도 지지 않지요. 공장도 마찬가지입니다. 저렴한 인건비를 위해 개발도상국으로 옮겨진 공장에서 생산되는 대부분의 물건은 부유한 나라에서 소비되는데, 그 과정에서 발생한 오염물질을 줄이기 위해 아무런 노력도 하지 않습니다. 오염물질을 감소시킬 수 있는 기술은 이미 개발되어 있지만, 눈에서 멀어진 문제에는 관여하지 않는 것이지요.

그러므로 네팔의 대기 오염은 우리나라를 포함한 전 세계의 부유한 나라들이 앞장서서 해결해야 할 문제입니다. 네팔과 같은 경제적으로 힘이 약한 나라들이 국제사회에서 목소리를 낼 수 있는 민주적 제도도 필요하고, 부유한 나라들이 더 큰 책임을 질 수 있는 제도적 장치도 필요합니다. 약자의 목소리에 힘을 실어주고, 강자가 그에 응당한 책임을 질 수 있도록 하는 민주주의를 실천하기 위한 삶의 기술은 어떤 것들이 있을까요?

"더 나은 내일을 위한 투쟁" 피켓을 들고 거리 시위에 참여한 청소년들

● 박시은(15세), 최준영(16세)

돈과 권력은 여전히 국제사회에서 모든 규범을 뛰어넘는 강력한 수단으로 작용하고 있습니다. 이를 저지할 수 있는 것은 언론, 주변 국가들의 견제 정도로 돈과 국력이 정말 막강하다면 충분히 무시할 수 있을 정도이지요. 미국의 환경조약 탈퇴나 영국의 브렉시트 등이 그 예가 될 수 있습니다. 이러한 국가들은 환경보호를 외치면서도 가난한 나라에 쓰레기를 팔아넘기고 공장을 이전합니다. 그리고 환경 오염의 책임을 그들에게 돌리지요. 그와 동시에 개발을 중지할 것을 강요합니다. 가난한 나라는 영원히 가난한 상태로 남아야하는 것일까요? 강대국과 약소국이 서로를 동등한 위치에서 바라볼 방법은 없을까요? 그 방법은 공정이라는 가치를 실현하는 것입니다. 진정한 공정은 현재의

상태만 고려하는 것이 아니라 원인과 결과를 충분히 검토하여 기회와 책임을 정의롭게 나누는 것입니다. 국가들이 마음을 모아 공정한 국제법을 만들고 실천한다면 강대국과 약소국 사이의 평등한 관계가 만들어질 수 있을 것입니다.

● 박혜민(14세)

약자의 목소리에 힘을 싣고 강자가 그에 응당한 책임을 질 수 있게 하는 민주주의 삶의 기술은 약자가 형평성에 대한 요구를 한 후 집단에서 다 같이 약자의 목소리를 듣고 그에 대한 판단을 내리는 것입니다. 이렇게 한다면 국제사회는 네팔의 대기오염과 같은 국제 문제를 평화롭게, 평등하게 해결할 수 있을 것입니다. 이런 사회가 되려면 사회 구성원 모두가 스스럼없이 자신의 생각을 말할 수 있어야겠다는 생각이 듭니다.

● 이강욱(14세)

환경 오염과는 영원히 거리가 멀어 보이던 네팔은 지금 21세기 격동적인 대기오염 태풍 중심에 서 있습니다. 그런데 네팔은 너무 가난해서 공장을 돌릴 경제력도 없습니다. 네팔은 선진국에서 쓰다 버린 경유차 사용으로 몸살을 앓고 있습니다. 아무리 힘이 약하고 경제력이 약한 사회라고 하더라도 강자가 벌이는 부당함에 가만히 있을 필요는 없습니다. 약자를 보호해주고, 강자가 벌이는 부당함에 저항하는 것도 민주주의 국가의 의무라고 생각합니다. 그러나 지금 우리 세계는 그렇지 않습니다. 약자의 목소리는 강자의 권력에 묻히고, 강자의 부당함은 재산과 권력에 의해 은폐됩니다. 강자가 자신이 누리는 과도한 이익에 책임을 지도록 시민들의 감시와 참여가 필요합니다. 시민들이 우리 사회의 부당함에 목소리를 내고 참여하면 약자의 목소리는 묻히지 않을 것입니다.

우리가
쓰레기 테러범이라고?

그물에 걸려 고통받고 있는 물범

그물에 걸려 죽은 범고래, 위장에 플라스틱 컵 115개와 페트병, 슬리퍼 등 수많은 쓰레기가 가득한 채 죽은 향유고래, 다량의 비닐봉지를 삼킨 탓에 질식해 죽은 고래상어. 전 세계 곳곳에서 해양 쓰레기 때문에 고래들이 죽은 채 발견되었다는 뉴스는 이제 별로 새롭지 않게 느껴집니다. 그런데 이 문제를 익숙하다는 이유로 당연하게 여길 수는 없습니다. 우리의 선택과 행동으로 인해 고래를 포함한 거북이, 물고기, 산호 등 바다 생명들에게 고통이 가해지고 있다는 것을 뜻하기 때문입니다.

이것은 그야말로 인간이 인간 외의 생물종에게 가하는 테러입니다. 미국의 사진작가이자 영화감독인 크리스 조던이 이야기했듯, 우리에게는 이 현실을 직시할 용기가 필요하고, 이 문제의 근본적인 원인을 알기 위해 깊이 공감하고 세상의 변혁을 위해 기꺼이 노력해야 합니다. 너무 성급하게 문제를 해결하려고 하면 더 큰 문제가 발생할 수 있습니다. 예컨대 옥수수 전분으로 만든 쉽게 썩는 물질을 만든다거나 종이로 된 빨대를 만드는 일은 썩지도 않고 재활용도 제대로 되지 않는 플라스틱을 쓰는 것보다는 조금 나은 선택일 수 있지만, 지금처럼 대량으로 소비하고 쓰레기를 만들어내는 생활양식을 바꾸지 않는다면 이러한 노력들 역시 자연을 해치기는 마찬가지이기 때문입니다.

인간 외의 생물종 또한 지구를 삶의 터전으로 살아가는 '구성원'입니다. 쓰레기 문제를 해결하기 위해서는 다른 생물종의 권리도 제도적·법적으로 포함되어야 합니다. 이러한 실천이 과연 어떻게 가능할 수 있을까요? 인간 중심의 사고를 벗어나 다른 생물종의 목소리에 귀 기울이고 그들의 권리도 인정하고 보호할 수 있는 협상을 이끄는 방법에는 무엇이 있을까요?

● 배호은(15세)

동물과 관련된 법이 제정되기도 전에 멸종위기 종은 하나 둘씩 사라지고 있습니다. 왜 우리는 다른 생물종에 대한 법안도, 대처도, 위기의식을 갖는 것도 느릴까요? 인간의 권리를 주장할 때 자유는 다른 사람의 자유를 침해하지 않는 선에서 허용되는 것입니다. 다른 사람이 아니라 다른 생물종이라고 바꾼다면 어떤 변화가 생길까요? 우리의 자유는 좁아질 것이고 다른 생물종의 권리를 일상에서 너무 많이 침해하고 있었다는 걸 느낄 것입니다. 우리의 미래는 공생으로 이루어질 수 있습니다. 모든 사람의 권리를 넘어 모든 생물의 권리를 존중한다면 인간 중심적인 사고는 변할 수 있습니다.

● 엄동현(14세)

호모 사피엔스가 탄생한 지는 약 3만 년밖에 되지 않습니다. 반면, 인류의 최초 생물인 원핵생물이 탄생한 것은 약 30억 년 전입니다. 비교적 역사가 짧은 인간이 현재 환경오염의 주요 범인입니다. 자연을 해쳐가며 과도한 기술을 도입하고 아무렇지 않게 쓰레기를 버립니다. 최근 인류세라는 개념이 관심받고 있는데, 기후변화로 평균기온이 높아지는 등 산업혁명 이후 인간 활동이 지구환경과 지구의 역사에 큰 영향을 미친 최근의 시대를 지질학적으로 인류세라고 부릅니다. 이 시대를 구분하는 것은 아무렇지 않은 것이 아닙니다. 인간이 가장 부끄럽게 생각해야할 일입니다. 인간 외의 다른 생물들도 우리와 더불어 살아가는 지구 구성원 중 하나입니다. 그들의 권리도 인정하고 보호할 수 있는 협상을 이끌기 위해 먼저 법적으로 그들의 권리를 인정해야 합니다.

● 박혜민(14세)

인간 중심 사고에서 벗어나 다른 생물종의 목소리에 귀 기울이고 그들의 권리도 인정하고 보호할 수 있는 협상을 이끄는 방법에는 모든 사람이 자연이 파괴되는 것을 인지하고 위험을 느끼는 것이라고 생각합니다. 아무리 말로 위험하다고 하는 것보단 자신이 스스로 위험 상황을 인지하고 위험하니 이제는

거북이가 비닐봉지를 해파리로 착각해 먹고 있다.

진짜 삶의 방식을 바꿔야겠다고 깨닫는 것이 훨씬 효율적인 방법입니다. 행동으로 경험하는 것이 인간에게는 큰 영향을 미치게 됩니다. 인지한 후에는 이제 어떻게 동식물들의 권리를 인정하고 보호할지 국제사회가 다 같이 고민해야 한다고 생각합니다. 말보단 실천이 더 중요한 법이니까요. 이제라도 우리는 빨리 지구를 위해, 우리 미래를 위해 삶의 방식을 바꿔야 합니다.

● 박수미라(15세)

지금 이 지구에는 연간 20억 톤의 쓰레기가 배출된다고 합니다. 하지만 지구는 엄청난 양의 쓰레기를 혼자서 분해하지 못합니다. 그래서 분해되지 못한 쓰레기들이 쌓이고 쌓여서 점점 지구를 집어삼키고 있습니다. 요즈음 쓰레기를 줄이기 위한 방안들이 나오고 있지만 그것이 적극 반영되는 것은 아닙니다. 그래서 모든 개인이 쓰레기 문제를 해결할 방법을 각자 창의성을 발휘하여 찾아보아야 합니다.

쓰레기 문제를 해결하기 위해서는 우선 모든 사람이 쓰레기 문제의 심각성을 인지하고 그것에 대한 목소리를 내야 합니다. 예를 들어 그레타 툰베리는 우연히 학교에서 내준 환경 숙제를 하는 도중에 환경 문제에 대한 심각성과 그에 대한 정부의 무책임한 모습을 보고 발 벗고 나섰습니다. '미래를 위한 금요일'이라는 이름으로 금요일마다 등교하지 않고 시위를 하고 있습니다. 세계의 많은 사람들이 이 시위에 동참했고, 이로 인하여 여러 국가에서 환경을 위한 법안과 대책을 내놓고 있습니다. 스웨덴 정부는 화석 에너지를 쓰지 않는 나라를 목표로 하며 청정 에너지 개발에 더 열중하고, 미국 정부는 온실가스를 줄이기 위해 배터리, 첨단 제조를 위한 효율적인 제어 및 센서, 단열재, 사이버 보안 개선 등과 같은 기술의 발전을 가장 우선으로 생각하고 있습니다.

사소한 것이지만 분리배출을 열심히 하고, 휴지를 절약하고, 에어컨을 선풍기로 대체하거나 텀블러를 휴대하는 등 우리가 조금이나마 다른 동물들과 자연을 위해 할 수 있는 것이 많습니다. 조금의 편리함을 버리고 지속성을 추구하는 것이 이 지구를 지킬 수 있는 유일한 방법이라고 생각합니다.

● 최준영(16세)

가장 중요한 것은 시민의 참여입니다. 아무리 인간 외의 생물종을 위한 법안이 많다고 해도 시민들이 동의하지 않는다면 유명무실한 법이 될 뿐입니다. 어떻게 하면 사람들의 인식을 개선하고 변화시킬 수 있을까요? 저 또한 환경에 관심이 없었던 사람으로서 이야기하자면 사람이 자연에 관심을 가지기 시작할 때는 그들에게 경외와 신비로움을 느낄 때입니다. 환경 보호를 한답시고 법을 강화하고 정책을 실행하는 게 중요한 것이 아니라, 관련 법과 제도 없이도 환경을 보호하고 소외되는 생물종이 없도록 하는 사회 구조를 만들 수 있는가에 대한 고민이 훨씬 더 중요합니다. 지금 우리 사회는 무언가를 쉽게 무시하는 데에 익숙합니다. 돈이 없다고, 약하다고, 말을 못 한다고, 소수자라고…. 다양한 이유로 쉽게 무시하는 이 사회가 정말 생태 민주주의를 향해 나아갈 충분한 자질을 갖춘 사회인가요? 어떤 의견이든 최대한 소외되지 않도록, 존중받을 수 있도록 하는 것이 민주주의입니다. 우리가 우리 외의 생명들을 존중한다는 것은 곧 더 나은 민주주의 사회로 전진하는 것입니다. 우리가 다른 생물종을 존중할 때, 그것이 생태 민주주의의 시작입니다.

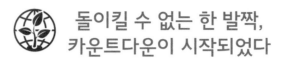

돌이킬 수 없는 한 발짝,
카운트다운이 시작되었다

2011년 동일본 대지진 이후 방치된 후쿠시마 핵발전소

2021년 4월 13일, 일본 정부가 후쿠시마 제1핵발전소에 보관 중인 오염수 125만844톤을 해양에 방출하기로 결정했다고 발표했습니다. 방류를 결정한 오염수는 2011년 3월 11일 동일본대지진 당시 붕괴한 후쿠시마 핵발전소에 의해 오염된 것인데, 일본은 이 물을 '처리수(treated water)'라고 부르며 충분히

깨끗한 물로 희석하였고 시간이 흘러 안전해졌으므로 방류해도 괜찮다는 입장입니다. 하지만 방사능 물질이 이렇게 단기간에 소멸할 리 없고, 오염된 물을 그렇게 부르지 않는다고 해서 있는 문제가 없는 것이 되지 않습니다. 바다는 모두 연결되어 있고, 일본에서 방출한 오염수는 전 세계 바다에 크나큰 영향을 줄 것이기에, 많은 나라가 이 결정을 강력하게 비판하고 있습니다. 특히 가장 가까운 우리나라는 대통령이 직접 일본 대사를 만나 오염수 방류에 대한 우려를 전달했고, 국제해양법재판소에 이 문제를 제소할 것까지 적극적으로 검토하고 있습니다.

오염수 방류는 인간을 포함한 모든 생명체에 위협이 될 수 있는 중대한 일입니다. 코로나19처럼 전 세계 그 누구도 피해갈 수 없는 문제이기에 전 세계가 함께 논의하고 결정해야 하는 사안이지만 현재로서는 그럴 수 있는 제도적 장치가 없습니다. 국제사회의 비판이 있지만, 일본이 지금처럼 비판에 귀 기울이지 않고 독자적으로 방류를 감행한다면, 그 누구도 이 문제를 막을 방법이 없습니다.

코로나19로 국경을 넘어서는 문제가 있다는 것을 절감했다면, 일본의 오염수 방류 문제처럼 전 세계가 다 함께 논의하고 결정할 수 있는 제도나 기구를 만들자는 목소리가 나와야 하지 않을까요?

민주주의 기술을 바탕으로 국제사회 문제를 다 함께 논의할 수 있는 공론장의 필요성에 대해 토론해보았습니다.

● **최준영(16세)**
일본이 오염수를 방류하겠다고 하는 것은 여러 이해관계가 충돌한 결과이겠지만, 무엇보다도 일본은 더 이상 방사능 오염지역이 아니라고 하는 상징적 선언이라 생각합니다. 하지만 선언을 한다고 해서 그것이 진실이 되는 것은 아닙니다. 그리고 그 거짓 선언이 이번에는 온 해양 생태계를 뒤집어놓을 수도 있는 선언이라는 것이 더욱 큰 문제입니다. 세계 모두가 따르고, 불복하면 처벌할 수 있는 법이 국제사회에는 없으니까요. 산업화와 세계화를 통해 날이 갈수록 나라 간의 연결이 긴밀해지는 오늘날에 모두가 함께 따를 수 있는 일정한 기준은 그 필요성이 더더욱 커졌습니다. 더욱이 책임을 쉬이 회피할 수 있다는 것은 커다란 문제입니다. 이러한 일이 앞으로는 더 자주 일어나게 될 것입니다. 나라 간의 연결이 긴밀해질수록 서로 주고받는 영향은 더욱 커질 테니까요. 그때마다 항의만 할 수는 없기에 강력한 제재가 필요합니다. 강력한 항의가 앞으로 얼마나 영향력을 가질 수 있을까요? 아주 강력한 국가에게는 영향력이 있기나 할까요?

● 김예지(14세), 정찬영(15세)

일본이 오염수를 바다에 방출하게 된다면 지구 멸망이 찾아올지도 모릅니다. 바다생물이 오염되거나 죽을 것이고, 그 오염된 물고기를 어부가 잡아 시장에 팔고, 누군가 물고기를 사서 먹게 된다면 죽거나 병에 걸릴 것입니다. 그렇기 때문에 전 세계가 다 함께 논의하고 결정할 수 있는 기구가 정말 필요하다고 생각합니다. 후쿠시마 핵발전소에 의해 오염된 방사능 오염수를 일본이 방류하겠다 선언한 이번 사태는 일본과 가까운 우리나라뿐만 아니라 전 세계에 나쁜 영향을 미치는 일입니다. 정작 피해를 보게 되는 우리나라와 전 세계 사람들이 이 일을 막을 수 없다면 그건 말도 안되는 일일 것입니다. 그러므로 어느 누구도 소외되지 않는, 전 세계가 함께 논의할 수 있는 공론장이 필요합니다.

● 이강욱(14세)

일본의 방사능 오염수 방류는 결코 옳은 선택이 아닙니다. 단지 자신들의 재건을 알리고 싶은 과시로 가득 차 있을 뿐, 국제사회와 일본 국민을 생각하는 모습을 전혀 찾아볼 수 없다고 생각했습니다. 옳은 일은 널리 알리되 그릇된 일은 세계가 나서서 바로잡아야 한다고 생각합니다. 일본의 방사능 오염수 방류 결정의 결과는 뻔합니다. 세계의 수산물이 오염될 가능성이 매우 높고, 방사능의 피폭 가능성도 상당히 높습니다. 이렇게 전 세계적으로 자국의 위상에 먹칠만 하고 세계에 피해만 주고 있는 상황을 지켜봐서는 안됩니다. 모두가 연대하여 일본에 강력히 요구해야 합니다. 그리고 잘못된 행동을 멈추기 위해서 모든 국가에서도 나서주길 바랍니다. 예견된 참사가 벌어지는 일은 막아야 합니다.

3장 공생의 세계를 위한 정의로운 선택

4장

모두에게 이로운 평화

Doing ●●●●●●●●

허먼 멜빌의 소설 『바틀비−월 스트리트의 한 필경사 이야기』에 나오는 주인공 바틀비는 매일 반복되고 의미 없는 작업을 해야 하는 '필경사'라는 직업을 갖고 있습니다. 자본주의의 중심지 월 스트리트에서 필경사는 그야말로 기계와도 같은 취급을 당하는 '인간 소외'의 표본입니다. 생산하는 것 없이, 새롭게 창조하는 일 없이, 누군가의 말을 받아 적기만 하는 한없이 소모적인 삶은 무기력하기 마련입니다. 삶의 의욕이 없고, 생의 기운이 없는 상태. 그것이 바로 바틀비가 처해 있는 상황입니다.

　그러나 소모되는 부품과도 같은 삶에서 바틀비는 "나는 그렇게 하지 않는 것을 선호합니다(I would prefer not to)"라고 말하며 시종일관 무엇인가를 하지 않는 것을 선택합니다. 매우 수동적이고 아무것도 하지 않으려는 이 태도는, 역설적이게도 아무것도 하지 않음으로써 모든 것을 할 수 있는 가능성을 엽니다. 이러한 바틀비의 태도는 우리에게 수많은 질문을 갖게 합니다. '만약 바틀비가 그 말을 하지 않았다면, 계속 필경사 역할만 했다면 어떻게 되었을까?', '바틀비의 하지 않는 태도는 결국 아무것도 변화를 일으키지 못했다면, 아무 의미가 없는 것 아닌가?', 그럼에도 '왜 우리는 이 선택에 많은 생각을 하게 되는가?', '왜 소설 속 바틀비의 말은 현실 세계에 이렇게나 큰 파문을 일으키는가?'

　문득 바틀비가 처한 상황이 대한민국 청소년과 유사하다는 생각이 들었습니다. 오랜 시간 반복되는 학습의 연속, 그 속에서는 어떤 새로운 생각이나 여유를 갖기는 힘듭니다. 무작정 외우고 시험을 치르는 반복 속에서 누구나 무기력해지는 것이 인지상정입니다. 초등학생에서 중학생, 중학생에서 고등학생이 되는 과정에서 점점 생기가 사라지는 대한민국 청소년들의 모습이 바로 계속되는 노동의 반복 속에 놓인 바틀비와 비슷해 보입니다.

　그런데 문제는 누구도 쉽게 바틀비처럼 "나는 그렇게 하지 않는 것을 선호합니다"라고 말하지 못한다는 사실입니다. 크나큰 무의미 속에서 쾌락을 추구하게 하는 장치들 때문에 우리 삶은 잠시 마비되고 있기 때문입니다. 프랑스 철학자 알랭 바디우는 참된 삶의 내부의 적으로 즉각적인 삶의 열정과 성공에 대한 열정을 말했습니다.

이 두 가지 모두 대한민국 청소년들에게 해당된다고 할 수 있습니다. 잠시 잠깐 나에게 기쁨을 주는 것, 예컨대 게임이나 시험 직후 친구들과의 일탈 등에 그간의 스트레스를 날려버리는 것과, 경쟁에서 이겨 목표한 대학에 입학하는 것을 '성공'이라 여기며 온 신경과 열정을 다하는 것이 그렇습니다. 그러다 보면 내 삶에 활력이 도는 것처럼 느껴질 것입니다. 내가 하는 노동은 한없는 반복이고 무의미한 것이지만, 내가 무기력하고 무의미하다는 것을 눈치채기는 어렵습니다. 그래서 "그렇게 하지 않는 것을 선호한다"라고 말하지 못하고, 영원히 필경사의 삶을 살게 됩니다.

하지만 우리 삶을 이렇게 소모하며 흘러가도록 내버려둘 수는 없는 일입니다. 그렇기에 우리는 말해야 합니다. 최소한, '이것은, 결코 용납할 수 없다'라고 말이지요. 어떤 것을 하지 않음으로써 새로운 가능성을 열 수 있도록, 우리 안의 잠들어 있는 바틀비를 깨워야 합니다.

바틀비의 "나는 그렇게 하지 않는 것을 선호합니다"라는 태도에서 무엇인가를 하지 않는 것이 중요한 게 아닙니다. 내가 무엇을 말하고 있는지 정확하게 알고, 내가 정말 원하는 바를 정직하고 강건하게 말할 수 있다는 사실이 중요한 것이지요. 여러분은 어떤 세상을 선호하나요? 어떤 세상을 만들고 싶나요? 질문에 답을 찾은 삶의 여정을 함께 떠나봅시다. 우리가 원하는 세상이 어떤 것인지, 정의로운 세상을 만들기 위해 무엇을 해야 하는지 정확하게 알고 분명한 목소리로 세상에 외칠 때, 모두가 꿈꾸던 평화로운 세계가 펼쳐질 것입니다.

●●●●●●● Hope

1

희망을 가능하게 하는 담대한 선언

익숙함과 반복의 편리함은 생각하기를 포기하게 합니다. 어떻게 펼쳐질지 모를 미래에 대한 두려움은 상상을 어렵게 합니다. 하지만 바틀비는 생각할 수 없는 위치(반복되는 삶)에서 "나는 하지 않는 것을 선호합니다(I would prefer not to)"라고 말했습니다. 바틀비의 이 말은 생각의 결과였던 것입니다. 자신의 선택이 어떤 영향을 미칠 것인지 생각하기 시작하는 인간의 탄생, 그것이 바틀비적 태도입니다.

『레 미제라블』의 자베르는 법과 의무, 국가와 사회를 위해 자신이 봉사하고 희생한다고 믿는 인물입니다. 그래서 범죄를 저지르는 사람들, 가난하고 더러운 이들을 '악'으로 여기지요. 자베르는 전형적인 '무사유(無思惟)'의 모습입니다. 가난한 사람들이 왜 가난해졌는지, 왜 가난에서 벗어날 수 없고, 그들이 살기 위해 범죄를 저지를 수밖에 없는 이유를 생각하지 않았기 때문입니다. 인간이란 무엇인지 생각하지 않았고, 공감과 연민의 감정을 들여다보지 않았기 때문입니다. 그 결과, 문제의 근본을 보지 못하고 자신과 다른 생각을 가진 사람, 다른 위치에 있는 사람을 차별하고, 무시하고, 혐오하고, 짓밟기까지 합니다. 마지막에는 스스로를 파괴하기까지 이르지요.

자베르가 되지 않기 위해, 스스로 선하고 정의롭고 자유로운 시민으로 거듭나기 위해 우리는 생각해야 합니다. 바틀비처럼 우리가 인간으로 살기 위해 최소한 하지 않아야 하는 것들을 "나는 하지 않는 것을 선호합니다"라고 목소리를 내어보았습니다.

● 김희찬(16세)

저는 공부 하나에만 인생을 다 바치지 않는 것을 선호하겠습니다. 우리나라 학생들이 당연히 해야 한다고 여겨지는 것은 공부입니다. '학생의 본분은 공부' 같은 말을 당연시하죠. 그렇기에 많은 학생은 개인의 자유를 버리고 오직 공부에만 매달립니다. 저 또한 공부를 인생의 최우선으로 생각해왔습니다. 하지만 앞으로는 그러지 않을 것입니다. 공부보다 나 자신의 진정한 행복을 찾아보겠습니다. 내가 정말 좋아하는 것, 내가 행복해지는 것들을 느껴보고 받아들이겠습니다. 공부하긴 할 겁니다. 하지만 인생의 전부가 아닌 그저 한 부분 정도로만 생각할 것입니다.

● 박수미라(15세)

저는 대학 입시에 집착하지 않을 것을 선호합니다. 저의 인생에는 대학만이 전부가 아닙니다. 친구와의 여행, 가족과의 저녁, 혼자 즐기는 일출과 일몰이 있습니다. 저는 좋은 대학도 좋지만, 지금을 즐기는 것이 가장 중요하다고 생각

시험 점수를 위한 공부가 아닌, 삶을 위한 공부가 필요하다.

합니다. 대학은 다시 수능을 쳐서 들어가면 되지만 15세의 시간은 되돌아오지 않습니다. 물론 각자의 시간을 유용하게 써야 하겠지만 저는 지금의 시간을 충분히 즐기기도 해야 한다고 생각합니다. 대학 입시에 관한 공부를 하면서 틈틈이 나를 위한 시간도 마련해 나가는 것이 저의 정신건강에도 좋을 것입니다. 충분히 미래를 위한 공부도 하며 내가 좋아하는 피아노, 드럼, 운동, 책, 그림 등 모든 것을 하며 행복하게 살아가겠습니다.

🔴 최준영(16세)
저는 점수에 목메는 일을 선호하지 않습니다. 시험 점수가 우리에게 주는 압박은 우리가 정말 하고 싶은 일 대신 시험공부를 하게 만들고, 나에게 필요한 공부 대신 시키는 공부를 하게 만듭니다. 저는 역사를 좋아합니다. 단지 사건들의 나열이 재미있는 것이 아니라 그 속에 숨어있는 이야기가, 교과서에서는 볼 수 없는 이야기들이 재밌습니다. 역사뿐만 아니라 다른 과목에서도 교과서에는 나오지 않는 원리들을 직접 찾는 것이 참 즐겁습니다. 그러나 시험 기간이 다가오면 이런 원리를 찾는 것이 아니라 교과서 내용을 더 자세하게 외우는 일이 마치 옳은 것처럼 느껴지게 됩니다. 그러면 공부하면서 궁금한 점이 생겨도 대충 외우고 지나쳐 버리게 됩니다.

시험 점수는 이뿐만 아니라 우리가 학원에 가는 시간, 시험공부를 위해 다른 것들을 포기하는 시간을 너무나도 당연하게 만들어버립니다. 시험은 우리가 배운 것들을 확인하고 결과를 알아보기 쉽게 점수로 내는 과정이 아닌가요? 가끔은 그런 시험이 오히려 제가 공부하고자 하는 범위를 제한하고 공부의 즐거움을 빼앗아 가는 듯한 기분이 들 때가 있습니다.

우리가 한국 사회에서, 또 자본주의 사회에서 살아가는 만큼 시험 점수에 신경 쓰지 않는 것은 어려울지 모릅니다. 그러나 그 시험이 우리가 하고 싶은 것을 제한한다면 그것은 정말 옳은 일일까요? 우리는 최소한 그것에 대해 질문해볼 수 있을 것입니다.

● 이진복(16세)

저는 타인과 저를 비교하는 것을 선호하지 않습니다. 우리는 하루에도 몇 번씩 타인과 자신을 비교하거나 혹은 타인에게 비교당합니다. 우리는 타인과 자신을 비교하며 의기소침해지거나 우쭐해져 만족감을 얻기도 합니다. 이렇게 행복을 타인과 비교해서 얻다 보면 끝이 없고 결국 자기 자신에 대한 비하로 이어지게 됩니다. 따라서 저는 타인과 저를 비교하지 않는 것을 선호하며 많은 사람이 타인과 자신을 비교하지 않는 것을 선호하게 되면 좋겠습니다.

● 이지원(16세)

저는 부정적인 말을 하지 않는 것을 선호합니다. 저는 어려서부터 수학, 과학을 정말 좋아했습니다. 하지만 최근 제 삶에 무기력함을 느끼고 아무것도 하기 싫다는 느낌을 받았습니다. 흔히들 말하는 슬럼프가 온 것이죠. 그래서 계속 부정적인 말을 했습니다. 학교에 가려고 집에서 나와 셔틀버스를 타러 가는 길에서부터 '집에 가고 싶다' 라는 말을 속으로 했습니다. 하지만 이 말은 저를 더욱 무기력하게 만들고 아무것도 하기 싫게 만들었습니다. 언제, 어떻게 해야 이 슬럼프에서 벗어날 수 있을지 모르겠지만 최소한 부정적인 말을 하지 않는 것을 선호함으로써 나쁜 기분에서 벗어나도록 노력할 것입니다.

● 김학철(15세)

코로나19로 사람들이 말과 표정을 잃었습니다. 길을 가다 보면 사람들이 너무 축 처져있거나 무표정한 표정으로 대중교통을 이용하는 것을 볼 수 있습니다. 온라인과 오프라인 수업에서도 아무도 발표를 하지 않거나 발표를 하는 아이들만 하는 등 교실 안에서의 생기도 사라졌습니다. 사람들이 너무 일과 공부에만 찌들어 있지 않고 가끔은 좀 쉬면서 웃는 얼굴을 하면 좋을 것 같습니다. 행복해서 웃는 것이 아니라 웃으면 행복하다는 말을 늘 생각하면서 밝고 긍정적으로 살아야겠습니다. 그리고 더 많은 사람이 웃을 수 있도록, 저는 사람들의 얼굴을 바라보는 일을 끝까지 해내고 싶습니다.

● 박시은(15세)

저는 겉모습만 보고 차별하지 않는 것을 선호합니다. 지금은 과거보다는 덜하다고 하지만 여전히 흑인이 아무 이유 없이 백인에 의해 죽었다는 소식이 들려옵니다. 또 코로나19로 아시아인에 대한 차별도 심해졌다고 합니다. 죄 없는 사람이 억울한 일을 당해서는 안 될 것입니다. 차별이 멈춘다면, 우리 사회에는 더 다양한 생각과 가능성이 펼쳐질 것입니다.

● 김수희(16세)

저는 어떤 이유에서건 스스로를 타인보다 우월하고, 더 나은 존재라고 생각하여 타인을 무시하는 말, 행동, 마음을 갖지 않겠습니다. 우리는 자본주의 사회에 살고 있다는 이유로 돈을 기준으로 부자와 가난한 사람을 나누고, 돈이 없는 사람을 무시하고 부자인 사람들을 부러워하거나 존경합니다. 또 우리나라는 학벌을 중요하게 여기기 때문에 대학교에 가지 않거나 지방에 있는 대학에 다니는 사람은 은근한 무시를 당하는 경우가 많습니다. 우리나라는 이런 경향 때문에 다양성을 점점 잃고 있다는 생각이 들기도 합니다. 대학을 가지 않으면 뭔가 큰일이 나는 것 같은 사회적 분위기, 모두가 가는 길이 아닌 다른 길을 가면 실패할지도 모른다는, 이도 저도 아닌 사람이 되어버릴지도 모른다는 공포와 불안감 때문에 별로 좋아하지도 않는 일을 입 다물고 하게 됩니다.

내가 가지고 있는 것에 우쭐해하고, 타인이 가지고 있지 않은 것을 가지고 그 사람을 함부로 무시하며 쓸모없는 존재로 생각하지 않겠습니다. 제가 어떤 조건에 놓이게 되더라도, 그런 삶을 살고 싶습니다.

2

모든 폭력에 반대합니다

"만일 지금 우리가 어떤 폭력도 쓰지 않고 고삐를 느슨하게 쥐고서 아이들을 키운다면, 영원한 평화 속에서 살아가는 새로운 인류를 만들어낼 수 있을까요? 어린이책 작가만이 그렇게 단순한 것을 희망할 수 있겠죠! 그것이 이상향임을 저는 너무나 잘 알고 있습니다. 또한 당연하게도 우리의 불쌍하고 병든 세상이 평화를 얻기 위해서는 다른 많은 것들 또한 바뀌어야 할 것입니다. 하지만 지금 전쟁은 없더라도, 세상은 잔인함과 폭력과 억압이 상상도 못할 정도로 넘쳐나고 있습니다. 그리고 사실 어린이들도 그에 대해 모르고 있지 않습니다. 어린이들은 그에 대해 날마다 보고 듣고 읽으면서 마침내는 폭력을 자연스러운 상황으로 믿을 것입니다. 적어도 우리의 가정에서만이라도 나름대로 본을 보임으로써 세상을 살아가는 다른 방식이 있음을 보여주어야 하지 않을까요?"

- 아스트리드 린드그렌, 『폭력에 반대합니다』 중에서

말괄량이 삐삐 시리즈의 작가 아스트리드 린드그렌의 연설집 『폭력에 반대합니다』를 읽어보면, 그녀가 크고 작은 모든 폭력에 반대한다는 사실을 알 수 있습니다. 린드그렌은 특히 어린 시절이 폭력에 노출되면 반드시 그 폭력은 대물림됨을 이야기하며, 아이들이 가장 사랑하는 사람에게서 아픔을 느끼지 않도록 뼈를 깎듯 노력해야 한다고 말합니다. 어린이의 순수한 마음을 지키고 싶었던 린드그렌이었기에, 삐삐와 같은 캐릭터가 탄생했던 것이겠지요.

<이 세상의 한구석에>라는 애니메이션 영화가 있습니다. 영화는 제2차

세계대전을 배경으로 하는데, 히로시마 출신의 스즈가 주인공입니다. 스즈는 그저 시키는 대로 순종적으로 살아온 여성입니다. 결혼하자고 해서 결혼하고, 시집살이하라고 해서 묵묵하게 할 뿐입니다. 동화처럼 예쁜 영화이지만 어딘가 답답한 마음이 드는데, 영화의 마지막쯤 스즈는 깨닫습니다. 전쟁 때 본인이 먹은 쌀이 대만에서 수탈해온 것이었다는 사실을 말이지요. 아무 생각 없이 살아왔는데 어느새 자신의 삶이 폭력의 구조 속에 들어가 있었다는 사실과, 일본이 폭력을 행사했기에 폭력에 의해 무너질 수밖에 없었다는 것을 깨닫고 한참을 웁니다.

스즈의 깨달음은 우리의 삶과도 밀접하게 연결이 되어 있습니다. 스즈가 깨달았듯이, 우리가 먹고 있는 음식은 누구의 손을 거쳐 오는 것일까요? 우리나라 농업의 노동력 대부분은 이주노동자입니다. 그런데 이주노동자의 상황은 매우 열악합니다. 지난 겨울, 한파경보가 내렸지만 난방 시설이 없는 비닐하우스에서 살아야 했던 캄보디아 출신의 이주노동자가 얼어서 사망했다는 뉴스가 이슈가 되었습니다. 이주노동자의 대부분 상황이 그 분과 비슷할 것입니다. 이주노동자는 한국 사회의 곳곳에 존재하지만, 그들의 존재는 지워져 있습니다. 우리의 삶이 이 지워진 존재들로 이루어지고 있다고 생각해봅시다. 우리도 모르게 그들에게 엄청난 폭력을 행사하고 있었던 것입니다.

우리가 마주하는 수많은 사회 약자들의 이야기는 단순히 인도적인 차원에서, 안타깝기 때문에 관심을 갖고 해결해야 하는 것이 아니라, 내 삶이 오래된 폭력의 구조 속에 놓여 그 폭력을 반복하는 것을 용납하고 싶지 않기 때문일 것입니다. 미국의 인권 변호사 브라이언 스티븐슨이 말했듯, "부당한 대우를 받는 사람을 모른 체할 경우 결국에는 그 영향이 우리 모두에게 미치기 마련"입니다.

폭력을 멈출 수 있는 방법은 무엇인가요? 폭력을 폭력이 아닌 다른 것으로 막을 수 있는 방법은 무엇인가요? 여러분이 반대하고자 하는 우리 시대의 가장 거대한 혹은 심각한 폭력은 무엇이고, 또 가장 시급하게 막아서야 할 폭력은 무엇입니까?

● 최현우(16세)

여러분은 '내가 저 아이보다는 낫지'라는 생각을 하거나 이런 상황을 본 적 있나요? 대부분 이런 상황은 나를 우월하게 생각하고 상대를 낮추어 볼 때 발생하는 상황입니다. 하지만 남보다 못한 모습이 과연 우리의 모든 모습일까요? 아니요, 우리의 모습은 여러 개입니다. 그중 못난 모습이 있을 뿐입니다. 하지만 못난 모습이 있다고 그것을 약점으로 삼고 괴롭히는 것은 옳지 못한 행동이자 제가 생각하기에는 폭력입니다.

안타깝게도 우리 사회에는 여러 모습 중 하나만을 정하여 그것과 더 좋은 자신의 모습을 비교하며 남을 낮추고 우월감에 취해있는, 폭력으로 가득 찬 사람들이 있습니다. 대표적으로 남북관계가 있습니다. 우리는 같은 민족이고 같은 말을 쓰며 같은 공간에서 살았습니다. 하지만 개발을 더 많이 했으니 우리가 더 좋은 나라야, 우리가 더 개방적이니 더 착한 나라야 등으로 구별 짓고 우리를 높이는 말을 합니다. 일상 속에서의 폭력은 이렇게 국가적으로도 있습니다. 우리는 많은 모습과 정체성이 있습니다. 그중 자신보다 못한 것들만 보면서 우월감에 취해있으면 안 됩니다. 스스로 폭력인 것을 반대하고 멈춰야 합니다.

● 김수희(16세)

지금 우리 사회의 가장 큰 폭력은 서로를 자기의 기준으로 판단하는 것이라고 생각합니다. 타인보다 나은 극히 소수의 정체성을 집어서 내가 타인보다 우월하다는, 그 사람보다 내가 낫다는 생각을 가지며 구분 짓고 서열화하는 것입니다. 이런 폭력은 사회에서 아주 다양한 형태로 나타납니다. 대학으로, 외모로, 가정 형편으로, 나이로…. 이렇게 서로를 구분하며 살다 보면 그 기준에 미달된다고 구분 지어진 사람들이 열등감으로 뭉친 사람이 되고, 그런 감정들을 공통으로 하여 소속감을 느끼는 것입니다. 이런 동료애가 점점 더 커지고 무시무시해져 나중에는 사회 분열까지 일어나는 것 같습니다. 우리가 함께 나눌 수 있는 공통된, 공감할 수 있는 정체성을 더 생각해보고 끄집어내는 연습을 해야 합니다. 우리가 모두 증오와 혐오, 열등감, 두려움이나 우월감 등으로 뭉쳐 서로를 밀쳐내는 폭력을 당장 그만두어야 합니다.

● 최준영(16세)

시대가 발전하면서 신체적 폭력은 크게 줄어들었습니다. 이제는 그런 방식의 폭력이 잘못되었다는 인식이 널리 퍼져있고 법 또한 이러한 폭력을 막기 위해 세밀하게 만들어져 있습니다. 그러나 사회가 점점 복잡해짐에 따라 눈에 잘 보이지는 않는 폭력은 더 공고해졌습니다. 제도나 법에 의해 고통을 입는 사람이 분명히 존재하는데, 그것을 개인적인 과오로 여기는 경우들이나 오랜 시간 굳어진 관습이나 권위에 의해 아예 피해자의 잘못으로 여겨지는 경우들이 그렇습니다. 이러한 폭력을 구조적 폭력과 문화적 폭력이라 부릅니다.

이런 폭력 중 대부분은 특정 계층을 상대로 오랜 시간 동안 이루어져 왔기에 폭력이라는 것을 알아차리기도, 고치기도 어렵습니다. 그렇다면 어떤 방식으로 구조적이고 문화적인 폭력을 막을 수 있을까요? 제 생각에는 무엇이 구조적이고 문화적인 폭력인지를 아는 것이 가장 중요합니다. 불편하더라도 우리 사회에서 지워진 이들이 누구인지, 도무지 개인의 힘으로는 상황의 어려움을 극복할 수 없는 사람들이 누구인지 정확하게 직시하는 것이 중요합니다. 그 많고 다양한 사람들의 입장을 불편하다고 회피하는 것이 아니라 직접 그들의 입장에 서 보는 것입니다.

『나는 옐로에 화이트에 약간 블루』에서 이런 대목이 등장합니다.

> "원래 다양성이 있으면 매사 번거롭고 싸움이나 충돌이 끊이지 않는 법이야. 다양성이 없는 게 편하긴 하지."
> "편하지도 않은데 왜 다양성이 좋다고 하는 거야?"
> "편하려고만 하면 무지한 사람이 되니까."
>
> - 브래디 미카코, 『나는 옐로에 화이트에 약간 블루』 중에서

구조적·문화적 폭력의 대상자들은 주로 사회에서 소수자와 약자들입니다. 각각의 다양성을 존중받지 못하는 이들, 사회가 지워버린 이들 말입니다. 우리는 그들을 모르고 사회도 그들을 모릅니다. 분명 눈을 감고 모르는 편이 편한 길인지도 모릅니다. 하지만 편함은 분명 그 대가를 치르게 되어 있습니다. 그 대가는 어떤 형태일지는 모르겠습니다만, 폭력에 희생당한 사람들의 고통에 책임질 수 없는 것만으로도 이미 인간이기를 포기하는 엄청난 대가 아닐까요? 불편하지만 무지하지는 않은 사람이 되는 것이 폭력에 대항하는 길이자, 나의 인간성을 지키는 일입니다.

평화는 폭력에 적극적으로 맞설 때 비로소 가능하다.

● **김도연(16세)**

우리 시대는 우리에게 색깔을 주지 않습니다. 모두가 무채색으로 살아가게 합니다. 학교에서는 시험 성적으로 똑똑한 아이와 그렇지 않은 아이로 구분하여 모든 학생이 시험을 잘 치는 것을 중요하게 여기도록 합니다. 주변 어른들은 공부를 열심히 하는 아이가 대단한 아이라고 단정 짓습니다. 이처럼 우리는 특정한 것만 바라보게 하고 이를 이루기 위해 노력하는 삶을 강요받습니다. 그리고 이런 삶의 방식을 따르지 않는 아이들은 부정적인 수식어 안에 가두어버립니다. 이렇게 우리는 내가 어떤 사람인지 무엇을 향해 나아가야 하는지 스스로 생각하고 결정할 기회가 사라졌고 이제는 그 방법까지 잊어버렸습니다. 모두가 자신만의 특징을 가지지 못하고 똑같은 사람이 되어버렸습니다. 우리는 이런 폭력 속에서 내가 누구인지, 무엇을 좋아하는지, 지금 기분은 어떤지

　　　　　　　　　4장 모두에게 이로운 평화

등 '나'에 관해 공부해야 합니다. 문제집을 풀고 수학 공식을 외우는 것이 아닌 '나'에 대해 질문하면서 나의 마음에 있는 가장 아름다운 것들을 어떻게 표현해야 할지 고민해야 합니다.

● 방민서(16세)

자신이 안 좋은 일을 당했을 때 똑같이 갚아주고자 하는 마음은 당연한 충동일 수 있습니다. 하지만 그렇게 하는 것은 결코 어떤 문제의 해결책이 되지 못합니다. 복수는 끝이 없기 때문입니다. 또한 자신이 폭력을 당했을 때 복수하는 것만 생각한다면 마음이 황폐해질 것입니다. 확실히 복수가 주는 약간의 쾌락은 있는 것 같습니다. 영화에서 옛날에 자신을 놀린 사람들에게 멋진 모습으로 나타나 복수하거나, 악당을 끝까지 쫓아가 처벌하는 것을 보면 속이 시원해지듯 말입니다. 하지만 그런 순간의 쾌감 때문에 계속 복수만 생각하다 보면 자신을 더는 돌볼 수 없고, 결국에는 폭력에 마음이 점령되어 버릴 것입니다.

복수가 집단으로 뭉쳐 일어나는 것도 큰 사회적 문제를 만듭니다. 코로나19가 발생한 후 동양인 혐오 문제가 발생했습니다. 그런데 몇몇 흑인들이 동양인 혐오에 참여해서 한참 이슈가 되었던 적이 있습니다. 그러한 마음을 가진 흑인들은 자신이 당했다는 열등감에 똘똘 뭉쳐 발전하지 못하고 배타적인 집단이 되어버려서, 다른 집단에 자신이 당한 그대로를 복수하는 형태가 아니었나 생각합니다.

그렇기 때문에 용서가 필요합니다. 잘못에 대한 처벌은 있어야겠지만, 처벌 그 자체가 목표가 되어서는 안 되고, 궁극적으로 목표로 삼아야 하는 것은 다시는 자신이 당했던 폭력이 일어나지 않게 하는 것이어야 합니다. 또한 사회적인 차별을 당했을 때, 자신들이 당한 것을 갚아 준다는 마음이 아니라, 비슷하게 차별받고 피해받는 사람들에게까지 확장해서 연대해야 합니다. 그것이 진짜 복수일 것입니다. 차별하고 폭력을 행사하는 일이 정말 나쁜 일이라는 사실을 사회적으로, 역사적으로 인정하도록 하는 일이기 때문입니다.

● 박수미라(15세)

솔직히 말하자면 폭력을 어떻게 대하고 멈춰야 할지 모르겠습니다. 제게는 폭력이라는 단어 자체가 너무 막막합니다. 아마도 대부분의 학생이 그럴 것으로 생각합니다. 폭력이 무엇이고 어떤 형태인지도 모르는 한국의 학생들에게 어른들이 폭력을 없앨 방법만을 요구하는 것 또한 하나의 폭력이라고 생각합니다. 제 생각에는 학교에서 폭력의 사전적 정의부터 시작해서 폭력이라는 구체적이지 않은 개념의 원리와 시발점, 폭력과 사회의 연결고리 등 저희가 폭력을 없앨 방법을 모색할 수 있도록 어른들이 알고 있는 폭력에 대한 모든 것을 알려줘야 합니다.

토론은 개인과 사회, 개인과 개인 등이 합의점을 구하는 방법 중 하나입니다. 토론한다는 것 자체가 비폭력적으로 어떤 갈등을 해소하겠다는 것이기 때문에 당연히 폭력을 멈출 수 있다고 생각합니다. 물론 토론도 임하는 사람에 따라 과정과 결과가 달라지겠지만 저는 모두가 토론에 임하는 협력적인 태도와 자세를 인지하고 있다고 믿기 때문에 토론으로 폭력을 멈출 수 있다고 생각합니다.

● 김예슬(17세)

제가 생각하는 폭력은 정치적으로 다른 생각을 하는 사람들 사이의 증오나 혐오, 동성애자, 장애인 같은 사회적 소수자들을 배려하지 않는 말과 행동입니다.

학교 안에서도 성적과 돈, 힘으로 우월한 아이들과 열등한 아이들로 나누는 폭력이 있습니다. 외부에서 받은 폭력들로 인해 자기 자신이 스스로 틀 안에 가두고 또 다른 사람들에게도 차별을 가하는 것도 폭력입니다. 글로는 다 적을 수 없을 정도로 지금 제 머릿속에 떠오르는 수많은 폭력이 우리 세계와 사회 속에 가시처럼 박혀있습니다. 차별과 혐오는 결국 폭력이고 그 폭력은 또 다른 끔찍한 폭력을 가지고 옵니다.

내 생각이 무조건 옳기 때문에 다른 의견을 내는 사람들을 틀렸다고 혐오하게 되는 것처럼 다양한 방법으로 폭력을 일으키는 사회적 구조도 얼른 변화해야 함을 크게 느꼈습니다. 폭력을 멈추는 방법은 서로 토론하고 대화하는 것입니다. 서로의 말을 듣지 않고 자기 할 말만 하는 가짜 대화가 아니라 서로의 말에 귀를 기울이고 의견이 다른 말도 존중해주는 진짜 대화가 필요합니다. 그렇게 한다면 저도 모르게 가지고 있던 편견은 부서지고 새로운 생각과 느껴보지 못한 따뜻함이 우리의 가슴에 싹을 틔울 것으로 생각합니다.

● 김도환(19세)

2020 도쿄올림픽에 출전한 미국의 체조 선수 시몬 바일스가 "세상이 기대하는 것을 해내려 하기보다 몸과 마음을 보호하겠다"라며 자신이 출전하기로 했던 몇몇 개의 종목에서 기권을 선언했습니다. 도쿄올림픽에서 미국인들이 가장 기대를 많이 하는 종목이 여자 체조인데, 그 이유가 시몬 바일스에 대한 기대감 때문이라고 할 만큼 그녀는 역량이 뛰어난 선수입니다. 수많은 사람의 기대를 한 몸에 받고 있었던 시몬 바일스였지만, 컨디션이 좋지 않은 상태에서 경기에 임하면 최선의 결과를 내지도 못할 것이고 부상의 위험도 있으며, 무엇보다 자신이 사랑하는 일인데 언젠가부터 다른 사람을 기쁘게 한 일이 되어

시몬 바일스

중압감을 느낀다고 솔직하게 말을 했습니다. 그녀의 이러한 선택에 많은 사람이 지지를 보냈습니다. 시몬 바일스의 이런 선택이 나약한 것으로 여겨지지 않는데는 이유가 하나 더 있습니다. 바로 그녀가 이번 올림픽에 출전한 의미 때문입니다. 2018년, 미국 사회를 발칵 뒤집었던 체조 주치의 성폭행 사건이 있었습니다. 체조 주치의로 일하며 무려 여성 260여 명에게 성범죄를 저지른 것이 밝혀진 사건인데요. 본인 역시 성폭행 피해자로서 목소리를 내기 위해 전성기가

　　　　　　　　　　　　　　　4장 모두에게 이로운 평화

지났음에도 올림픽에 출전했다고 밝혔습니다. 시몬 바일스의 출전과 기권 두 가지 모두 경쟁에서 승리하기 위해, 모두가 인정하는 성과를 내기 위해서가 아니라, 인간답게 살기 위한, 자유롭고 행복하게 살기 위한 선택이라는 사실에 많은 사람이 응원을 보낸 것입니다.

저는 시몬 바일스의 태도가 폭력에 반대하는 아주 강력한 방법이라고 생각합니다. 옳지 않은 일에 적극적으로 목소리를 낼 수도 있지만, 자신을 지키기 위해 무엇인가를 하지 않는 선택을 하는 것 역시 옳지 않은 일에 저항하는 방법입니다. 제 삶에서 마주한 부당한 일이 있을 때, 저 역시도 용기를 내어 정의로운 선택을 하겠다고 다짐해봅니다.

3

우리가 꿈꾸는 평화의 나라

『나는 독일인입니다』의 저자 노라 크루크는 "나는 독일인입니다"라는 말의 의미를 찾고자 자기가 살고 있는 독일과 가족의 역사에 담긴 이야기를 찾아 떠났습니다. 그 여정의 끝에, "전쟁이 벌어지지 않았다면 우리 가족은 어떤 모습이었을까?"라고 질문을 하게 되었지요. 이 질문은 단순히 전쟁에 대한 후회나 나치당에 가입한 할아버지, 전쟁에 참전한 삼촌의 역사를 되돌리고 싶은 것이 아니었습니다. 전쟁을 겪든 겪지 않았든, 인간다운 삶을 위해 반성하고 노력하는 독일인으로서 자긍심을 찾은 것이고, 앞으로도 평화를 만들어가겠다는 다짐이기도 했습니다.

　최연소 노벨 평화상을 받은 말랄라 유사프자이 역시 테러로 상처 입은 파키스탄이지만, 가족과 함께 지낸 따뜻한 추억이 있고, 아름다운 자연이 있으며, 다정한 친구들이 있는 자신의 고향을 늘 그리워했습니다. 그리고 파키스탄의 모든 아이들과 여성들이 안전하고 행복해지는 것이 자신의 꿈이라고 말합니다. 비록 자신에게 위협을 가하는 사람이 있지만, 그럼에도 불구하고 고향 파키스탄에 돌아가 행복하게 살 날을 끊임없이 꿈꾸고 있습니다. 말랄라와 함께 평등하고 자유롭고 평화로운 파키스탄을 꿈꾸는 청소년들이 점점 많아지고 있습니다. 그러므로 파키스탄의 미래는 기대해 볼 만한 것입니다.

세계 유일의 분단국가에 살고 있는 우리가 "나는 한국인입니다"라고 말할 때 갖는 생각은 무엇인가요? 우리가 살고 싶은 한국을 생각하며, 통일의 염원을 담은 "우리가 꿈꾸는 평화의 나라"를 그려보았습니다.

● 민성우(14세)

"나는 한국인입니다"라고 말할 때 저는 "우리나라가 배려에 자부심이 있는 나라"라면 좋겠습니다. 한국에는 사람들이 바빠서 다른 사람을 배려하지 못할 때가 있습니다. 하지만 자신이 바쁘다고 다른 사람의 일은 신경 안 써도 된다는 마음을 버려야 한다고 생각합니다. 엘리베이터 문 안 닫기, 문 닫기 전에 뒤에 사람이 있는지 확인하는 것처럼 작은 배려로 시작해서 다른 사람을 배려해줄 수 있는 대한민국이 되면 좋겠습니다.

● 임서희(14세)

제가 "나는 한국인입니다"라고 말할 때 가지는 자부심은 바로 평화에 대한 것이길 바랍니다. 우리는 학교에서 평화에 대해 많이 공부합니다. 하지만 평화를 어렵게 하는 가장 큰 원인이 있습니다. 분단국가로 종전이 아닌 휴전 상태라는 사실입니다. 분단이 되어 있기 때문에 일상에 늘 불안함이 있습니다. 혹시나 전쟁이 일어나지 않을까 하는 생각이 마음속 깊은 곳에 항상 있는 것이지요. 만약 우리가 통일한다면 적대감을 없앨 수 있을 것입니다. 불안과 적대감을 없애면 분명 우리 사회에 많은 변화가 일어날 것이라고 생각합니다.

● 이윤영(14세)

저는 한국이 부당함에 눈감지 않는 나라로 계속되기를 희망합니다. 3·1 운동, 4·19 혁명, 6월 민주 항쟁, 촛불 집회들을 기억하고 한국인으로서 권리를 주장하며 꺼지지 않는 촛불처럼 앞으로 닥쳐올 모든 위기를 하나씩 이겨내길 바랍니다. 기본적인 권리를 빼앗긴 분노의 상황에서도 평화를 지키며 존엄한 정체성을 잃지 않고자 노력하는 나라가 되기를 희망합니다. 어려움 속에서도 희망을 잃지 않을 나라가 되기를 희망합니다. 경쟁하는 한국인보다는 협동하는 한국 사람들이 많아졌으면 좋겠습니다. 보다 많은 사람이 보다 나은 세상을 위해 투쟁하는 나라가 되기를 희망합니다.

● 이재영(14세)

저는 우리나라가 자연을 위하는 나라가 되면 자부심이 생길 것 같습니다. 우리나라는 80%가 산이지만 산을 깎고 나무를 베는 것을 수없이 많이 봤습니다. 우리가 조금만 더 신경 쓰고 고마움을 느끼며 자연을 보호하고 위하는 나라가 되면 저는 우리나라에 자긍심이 생길 것 같습니다. 자연을 더 생각하면 일상이 나아질 것이라고 생각합니다.

● 이윤후(14세)

저는 한국을 떠올렸을 유일하게 분단된 국가가 아니라, 고난과 역경을 딛고

화합을 끌어낸 나라이길 바랍니다. '한국인'이라고 하면 역사, 경제, 문화, 시민의식, 교육 등에서 항상 세계 최고라는 사실이 떠올려지면 좋겠습니다. 정말 한국이 이런 나라라면 한국인이라는 것이 자랑스럽고 계속 한국인으로 남고 싶을 것 같습니다.

● 김지윤(14세)

저는 한국이 협동심이 강한 나라라고 생각합니다. 무슨 일이 생기면 모르는 사람이어도 말을 걸어주고 질문을 하고 같이 해결하려고 노력하는 사람이 대한민국 사람이라고 생각합니다. 길에서 구급차 소리가 나면 지나가는 차들이 길을 비켜주거나 어떤 건물에서 화재가 일어나면 한 사람은 신고하고 한 사람은 불을 끄려고 하는, 스스로 역할 분담을 잘하며 서로 도와주려 협동하는 대한민국 사람들을 볼 때마다 자랑스럽습니다.

자신이 가진 것을 자랑하고 남을 업신여기는 사람들도 있습니다만, 그것이 잘못되었음을 인지하고 있고, 잘 해결해나갈 수 있다는 믿음을 갖고 싶습니다. 함께 잘 살아가려는 마음을 가진 사람들을 더 많이 보고 배우며, 함께하는 마음으로 더 좋은 사회를 만들어가는 대한민국이 되길 꿈꿉니다.

● 엄동현(14세)

한국인의 좋은 점이라면 단합력 같습니다. 뉴스에 나쁜 일들, 반인간적인 행위들을 보고 많은 사람들이 분노하고 비판하는 것, 악한 사람들이 많은 것처럼 정의로운 사람들도 많다는 것이 자랑스럽습니다. 하지만 고쳐야 할 것도 많습니다. 솔직하게 말하자면 지금 우리나라 사회는 우월감을 가진 사람들의 갑질과 열등감을 가진 사람들의 고통이 가득합니다. 그러한 불평등 때문에 '혐오

문화'가 만연해 있고, 새로운 걸 받아들이기보다는 서로 비판만 하는 사회 같습니다. 매체들에 등장하는 몇몇 기사나 댓글들은 입에 담을 수도 없고 '이게 인간인가'라는 생각마저 듭니다. 정의롭고 선한 선택을 한 사람들이 지금보다는 더 좋은 대우를 받아야 합니다. 정책과 제도에도 허점이 많습니다. 한국은 개선할 것이 많은 나라입니다.

희망은 있습니다. 저는 편파적이지 않고 조금 더 인간적이고 모두의 이익을 추구하는, 더불어 행복하게 사는 삶을 추구하는 사람들이 많아진 한국을 꿈꿉니다. 그런 꿈을 포기하지 않을 때, 우리는 불가능하다 생각했던 많은 일을 반드시 해낼 수 있을 것입니다.

● 엄동욱(17세)

저는 사람들이 서로 협력하고 이해하는 세상을 꿈꿉니다. 사람들이 서로 다르더라도 함께 살아가며 이해하려고 노력하며 지내는 삶이 의미 있고 가치 있다고 생각합니다. 모든 사람들은 공통점도 있지만 차이점도 가지고 살아갑니다. 하지만 이걸 받아들이지 못하고 오랜 기간 서로를 차별하고, 소수를 따돌려왔습니다. 우리 사회에서 다른 것을 이상하게 여기지 않고 함께 어울려 살아가는 건 어떻게 가능할까요?

옛날부터 우리 조상들은 해학의 민족으로 한(恨)과 같은 깊은 감정을 노래나 춤으로 승화시켜 왔습니다. 이런 행동은 혼자일 때보다 여럿일 때 더 강력해서, 나쁜 일을 몰아내기 위해 굿을 할 때도 온 마을 사람들이 함께 모이곤 했습니다. 이때는 잘 살거나 못 살거나, 생김새나 신분도 큰 문제가 되지 않았습니다. 우리도 그런 지혜를 다시 떠올리면 어떨까요? 안 좋은 일들이 많이 일어나는 시기이지만, 함께의 가치, 문화의 힘을 떠올린다면 우리는 희망의 노래를 부를 수 있을 것입니다. 여기서 희망은 당연히 전 인류와 지구가 잘 어울려 살아갈 수 있을 거라는 믿음입니다. 그런 마음을 갖는다면 인종, 직위, 종교 등 어떤 문제든 사람을 나누고 차별하지 않게 될 것입니다. 우리는 협력하고 서로를 이해해야만 이 위기를 극복할 수 있다는 걸, 견뎌낼 수 있다는 걸 알게 될 것이고, 타인에게 상처를 받더라도 다시 타인을 통해 회복할 수 있다는 것도 알게 될 것입니다. 비가 내린 뒤 뜨는 무지개처럼 재난의 시대이지만, 이 다음에는 분명 평화로운 삶을 만들 수 있습니다. 우리 함께 희망의 노래를 불러보는 건 어떨까요?

● 이지완(17세)

저는 모두가 사랑하는 세상을 만들고 싶습니다. 저는 사랑은 같은 것 하나 없는 세상에서 다른 것끼리 함께 공생하기 위한 적극적인 움직임이라고 생각합니다. 무언가를 사랑하는 데에는 큰 노력이 듭니다. 사랑하기 위해서는 어떤 존재에 대해 잘 알아야 합니다. 자신과 다른 점을 인정하고 받아들이는 동시에 대상의 나와 다른 가치도 지켜야 하기 때문입니다.

"곤충을 좋아하는 마음은 가득한데 그것을 어떻게 표현해야 하는지를 몰라 너무 잔인한 방법으로 그들을 괴롭혔다는 것을 깨달았다. 내가 무얼 할 수 있을까 스스로에게 물었을 때, 그 답은 '바라보기'였다. 정말 좋아한다면 옆에서 바라보는 것만으로도 좋지 않을까? 그렇게 옆에서 호기심을 가지고 바라보자, 그동안 보이지 않던 것들이 조금씩 보이기 시작했다."

- 이원영, 『물속을 나는 새』 중에서

사랑은 쉽지 않습니다. 다른 것에 대한 본능적인 두려움을 이겨내는 힘겨운 과정이 사랑이기 때문입니다. 하지만 두려움을 이겨내고 다른 존재를 끌어안을 때, 행복하게 함께 사는 일은 가능해집니다. 모두에 대한 사랑이 시작된다면 서로 존중하고 폭력도 사라지게 될 것입니다. 모두 사랑하면 모두가 행복할 수 있도록 최선의 방법을 찾을 것입니다. 이를 통해 아름다운 가치들을 많이 발견하게 될 것이며, 행복 안에서 살아가게 될 것입니다.

● 임찬우(17세)

저는 한국을 떠올렸을 때 평화의 이미지가 가장 먼저 떠오르길 바랍니다. 평화롭다는 것은 모든 사람이 폭력으로부터 자유로운 것입니다. 그렇다면 자유란 무엇일까요? 대한민국 청소년으로서 자유에 대해 생각하는 것은 저를 포함해 아마 대부분의 청소년에게 어려운 일일 것입니다. 그래서 역사적으로 '자유를 위한 투쟁'이라고 불리었던 이야기들을 찾아보았습니다. 여러 가지가 있겠지만, 가장 먼저 흑인 인권 운동이 떠오릅니다. 제도적으로도 문화적으로도 인간다운 대우를 받지 못했던 흑인들은 "모든 인간은 평등하다"라는 신념 아래 세상과 싸웠습니다. 버스에서 원하는 자리에 앉을 수 있는 자유를 위해 시위를 한 사람들이 있었고, 피부색과 관계없이 식당에서 식사하기 위해 시위를 이끈 사람들도 있었습니다. 그 사람들의 신념은 오늘 이 순간까지도 이어져, 흑인이라는 이유로 일상에서 죽음을 두려워해야 하는 부당함에 반대하는 시위인 "흑인의 생명도 소중하다(Black Lives Matter)" 운동으로 이어지고 있습니다.

결국 자유는 폭력의 반대말이라는 생각이 들었습니다. 모든 형태의 폭력은 개인의 존엄을 짓밟고, 자유를 불가능하게 합니다. 폭력을 행사하는 사람에게도 마찬가지입니다. 자신이 악랄하고 파렴치한 인간이 되길 원하는 사람은 없기 때문입니다. 각자가 옳다고 생각한 대로 행동하는 것일 텐데, 폭력은 어떤 이유로도 옳을 수 없고, 그러니 폭력을 행사한 사람의 선택은 결과적으로 무지함에서 비롯된 잘못된 것일 뿐이지 자유가 아닙니다.

오늘날 우리에게 필요한 것은 '나'만 잘 살면 된다는 잘못된 고정관념을 깨는 것이고, '우리'라는 이름에 포함되지 못한 존재들에 대한 성찰과 모든 생명이 연결되어 있다는 사실에 눈뜨기 위한 크나큰 상상력입니다. 저는 우리 사회에 있는 모든 폭력은 극복 가능한 것이라 생각합니다. 경쟁의 결과로만 판단해 서로를 무시하는 행위, 경제적 격차로 차별하는 시선, 남북한의 분단에 따른 혐오와 증오의 마음까지. 결국 이 모든 것은 우리가 만든 마음과 시선, 생각과 행동에서 비롯한 것이기 때문입니다. 결국 우리는 이 모든 폭력을 극복하고 정의로운 사회를 통해 자유로워지는 경험을 해내고 말 것입니다. 그런 마음을 잊지 않는 것, 실제로 해내고 마는 것, 오직 그것만이 우리가 희망을 실천하는 방법입니다.

[토론] 방탄소년단(BTS)이 백신(Vaccine)보다 먼저다

코로나19 대유행이 전 세계를 휩쓸었습니다. 백신의 보급과 더불어 방역이 일상화되어 조금 마음을 놓으려 하면, 금세 방심한 틈을 타 큰 규모의 확산이 되풀이됩니다. 친구들을 만나는 일도, 마음 놓고 여행을 가는 일도, 학교에 가는 일도 언제가 될지 모르는 다음을 기약해야 하는 상황입니다.

방탄소년단(BTS)의 노래 'Permission to Dance'를 들으며 백신보다 더 먼저 우리 삶을 살아가게 하는 힘이 있음을 느낍니다. 이 노래는 코로나19라는 전 세계가 함께 겪는 어려움이 분명 있지만, 우리가 서로를 바라보고, 자유롭게 춤을 추고, 노래하는 것에는 허락이 필요 없다고 말하고 있습니다. 뮤직비디오를 통해 공개된 안무에는 '즐겁다', '춤을 추다', '평화' 라는 세 가지의 국제수화가 있어 화제가 되기도 했는데요. 뮤직비디오 속에는 어린이와 청소년도 나오고, 할아버지 할머니도 등장합니다. 또, 다양한 문화권의 사람들도 나오고 여러 직종의 사람들도 나오지요. "We don't need permission to dance" 라는 노래 가사처럼 모든 사람이 춤을 추는 데는 허락이 필요하지 않습니다.

코로나19의 시작 이후 우리 삶의 많은 부분이 허락되지 않았습니다. 그 과정에서 잃은 것이 많지요. 마스크 아래로 표정도 잃었고, 소풍 가서 친구들과 친해질 기회도 잃었고, 좋아하는 야구나 축구 경기를 보러 가는 즐거움도 잃었습니다. 답답한 마음이 가득하지만, 그래도 우리 삶 자체를 포기할 수는 없습니다. 삶에는 기쁨, 슬픔, 공감, 행복과 같은 감정이나 우정, 자유, 희망, 정의와 같은 가치도 있습니다. 또 친절, 배려, 용서, 관대함이라는 삶의 태도도 있겠지요. 춤을 추는 것에 허락이 필요하지 않듯, 삶을 이루는 소중한 가치를 살아내는

4장 모두에게 이로운 평화

데는 그 누구의 허락도 필요하지 않습니다.

청소년들이 백신(Vaccine)보다 앞서 우리 삶에 필요한 가치들의 사전을 A부터 Z까지 만들어 보았습니다. 그것들을 잘 지켜냈을 때 백신 이후 우리의 모습은 어떠할지도 생각해보면서 말이지요. 여러분 역시 기발한 아이디어로 이 힘들고 어려운 시절을 뛰어넘을 수 있는 멋진 사전을 함께 만들어주세요!

Accompany (사람과) 동반하다, 동행하다

● **이수겸(19세)** 지금과 같은 힘든 시기를 동반할 친구가 있으면 훨씬 행복할 것입니다.

Adjustment 적응

● **박수미라(15세)** 갑자기 '코로나'라는 방해꾼이 우리의 평화로운 삶을 침범했습니다. 그러나 코로나를 우리 삶의 일부로 인정해야 하기 때문에 새로운 삶에 적응해야 합니다.

Advice 조언, 충고

● **엄동현(14세)** 주변 사람들과 서로 도우며 다 같이 좋은 방향으로 나아갈 수 있게 조언을 듣거나 해줍니다.

All thing 모든 것

- **이동윤(15세)** 모든 것이 항상 소중하고 중요합니다.

Apologize 사과하다

- **김근우(15세)** 기후위기와 같은 문제에 책임이 있는 정부와 기업이 사과해야 합니다.

Appeal 매력

- **최현우(16세)** 우리는 코로나 때문에 마스크를 쓰게 되었습니다. 그리고 마스크 때문에 우리 각자의 매력을 가리게 되었습니다. 하지만 우리는 우리의 매력이 가려진 것이지 없어진 것이 아니라고 생각합니다. 우리의 매력을 잊지 말아 주세요.

Appreciation 감사

- **박유진(17세)** 코로나19로 산책을 못 가고 놀러 못 다녀서 답답하지만, 코로나 이전에도 인생을 즐기지 못했던 것은 마찬가지라 생각합니다. 그렇기에 살면서 정말 좋은 것을 기쁘고 소중하게 즐길 수 있는 마음이 백신보다도 먼저 우리의 답답함을 해소해 줄 것이라 믿습니다.

Art 예술

- **이정현(14세)** 코로나19로 많은 것을 잃었지만, 예술로 다시 찾을 수 있습니다.
- **이현빈(14세)** 예술은 사람들이 창의력과 상상력을 가질 수 있게 해줍니다.

Ballot 비밀 투표를 실시하다

● **김근우(15세)** 지도자와 국회의원들을 잘 뽑아야, 더 강화된 환경정책을 펼칠 수 있을 것입니다.

Beauty 아름다움

● **최준영(16세)** 우리 주위의 아름다움을 지킬 시간이 필요합니다.

Birthday 생일

● **엄동현(14세)** 생명의 태어남을 축하하고, 축하를 통해서 자기 자신의 소중함을 느낄 수 있습니다.

Book 책

● **이정현(14세)** 책을 통해서 여행을 가고, 친구를 만나고, 마스크를 벗을 수 있습니다.

● **이현빈(14세)** 책은 사람들의 어휘력을 키워줍니다. 책은 다른 사람과 이야기할 때 더 좋은 단어를 쓸 수 있고, 서로 잘 이해할 수 있게 해줍니다. 책을 읽으면 서로에게 상처를 주는 일도 줄어들 것입니다.

Build 만들어 내다, 창조하다

  ● **이수겸(19세)** 코로나19는 인류가 이제까지 만든 많은 문제를 직시하게 했습니다. 이 위기를 기반으로 새롭게 생각하고 새로운 세상을 만들어야 합니다.

Can 할 수 있다

  ● **김근우(15세)** 우리는 할 수 있습니다!

Challenge 도전

  ● **이정민(14세)** 도전은 새로운 가능성을 찾도록 합니다. 어려운 시간일수록 도전 정신이 필요합니다.

Change 변하다, 달라지다, 변화시키다, 바꾸다

  ● **이동윤(15세)** 코로나19로 많은 변화가 생겼습니다. 그런데 점차 현실과 타협하면서 본질적인 문제를 방치하는 것 같기도 합니다. 진정한 변화가 필요합니다.

Civil disobedience 시민 불복종

  ● **김희찬(16세)** 정의롭지 못한 법이나 정책에 대항하기 위해 공개적으로

그것을 위반하는 '시민 불복종' 정신이 필요한 때입니다. 더 좋은 사회를 만들기 위해 어려움이 있더라도 노력하는, 깨어 있는 시민이 우리를 이 위기로부터 지켜줄 것입니다.

Climate emergency 기후 비상

● **이준수(14세)** 그야말로 기후 비상 사태입니다. 기후위기 문제를 심각하게 생각하고, 적극적으로 해결하려는 전 세계 모든 사람의 노력이 절실하게 필요합니다.

Connection 연결

● **최준영(16세)** 사람들 간의 연결에 대해 생각해야 합니다. 우리는 촘촘하게 연결된 집단의 일원입니다. 그 사실을 잊어서는 안 됩니다.

Cook 요리하다, (밥을) 짓다

● **이현빈(14세)** 요리하면서 가족들끼리 멀어진 관계를 회복할 수 있습니다. 코로나 같은 바이러스를 이겨내려면 강인한 정신력과 끈기, 의지가 필요합니다. 그런데 혼자서는 어렵습니다. 코로나19로 서로 만나기가 어려워졌지만, 함께 요리하며 가족 관계, 친구 관계를 회복해야 합니다.

Courage 용기

● **하준수(15세)** 지금 눈앞의 문제가 크고 어려워보일지라도, 해내고자 하는 용기가 있다면 무엇이든 할 수 있습니다.

Dance 춤

● **이정민(14세)** BTS가 노래에서 이야기했듯이, 우리 마음속의 이야기를 몸으로 자유롭게 표현하는 춤은 우리 삶에서 없어서는 안되는 것입니다.

Delight 기쁨

● **최준영(16세)** 코로나로 인해 주변을 거닐며 느끼던 사소한 기쁨과 같은 것들을 누리기 어려워졌습니다. 격리와 분리로 피폐해진 삶을 지탱할 수 있게 해주는 사소한 기쁨이 필요합니다.

Democracy&connection 민주주의와 연결

● **백주은(17세)** 우리 모두가 연결되어 있는 한, 모두를 생각하는 힘, 그 힘 이야말로 서로의 동반자이자 서로의 조력자입니다.

Dignity 위엄, 품위, 존엄성

● **이정민(14세)** 존엄함은 인간을 인간답게 할 뿐 아니라, 위기에 빠진 다른 존재를 구할 수 있는 위대한 힘이기도 합니다. 코로나19로 어렵고 힘든 상황이지만, 스스로의 존엄함을 포기하지 않을 때, 우리는 정말 멋진 삶을 살 수 있을 것입니다.

Diversity 다양성

● **백주은(17세)** 우리가 잊지 않고 살아야 하는 것은 우리 모두가 다 다르다는 사실입니다. 다르다는 이유로 박탈감을 느낄 필요도, 열등감을 느낄 필요도 없습니다. 우리는 다양하기 때문에 의미와 가치가 있는 것이며, 그 속에 살아가는 수많은 존재들이 모여 이 세상을 이룬 것이니 다양성에 대한 인정과 자신에 대한 사랑이 필요합니다.

Ecosystem 생태계

● **김희찬(16세)** 생태계 기후변화나 위기를 막기 위해서는 많은 생물이 생태계를 조성할 수 있는 시간을 주어 다시 공존하는 사회를 만들어야 합니다.

Empathy 감정이입, 공감

● **김수희(16세)** '자신이 타인의 입장이었다면 어떨지 상상함으로써 누군가의 감정이나 경험을 함께 나누는 능력'인 Empathy는 지금 코로나19로 인해 크거나 혹은 작게 고통받고 있는 세계의 많은 사람의 신발에 자신의 발을 넣어봄으로써 그들의 감정을 나누는 것입니다. 공감은 인간이 가진 상상력을 마음껏 발휘할 수 있는 능력입니다. 공감하는 능력이 생생히 살아 있을 때 우리가 있는 지금의 세상을 멋지게 만들 수 있을 것입니다.

Enjoy 즐기다

● **정재화(14세)** 세상을 즐기는 것은 어떤 장애물이 가로막고 있어도 뛰어넘을 수 있는 원동력입니다. 코로나19로 힘든 시간에 백신보다 먼저인 것은 즐기는 것입니다.

Equality 평등, 균등

● **이강욱(14세)** 지금 우리 사회는 평등하지 않습니다. 성별의 불평등부터, 부의 불평등까지 나타났습니다. 백신을 통해 집단면역을 형성해야 한다고 외치기 전에, 사회의 평등과 불평등에 대해 알아야만 코로나 이후에 평등하고, 정의로운 삶을 살 수 있을 것입니다.

Esteem (대단한) 존경

● **이지원(15세)** 존중은 인간과 인간 사이, 인간과 자연의 사이에서 서로를 더 이해하게 해주고 서로에게 큰 힘을 줍니다. 코로나19로 우리는 지금까지 했던 공정하지 않은 행동을 반성하고 서로를 존중해야 합니다. 존중하는 대상이 누구든 말입니다.

Exercise 운동

● **방민서(16세)** 훌륭한 생각과 마음가짐은 몸이 먼저 단련되었을 때 옵니다. 또한 친구들이나 가족과 함께 운동하면서 보람을 느끼고 기력을 되찾습니다. 코로나19로 외출도 잘 못하고 원하는 것도 마음대로 할 수 없어 무기력함에 빠지기 쉽지만, 운동으로 활력을 되찾을 수 있습니다.

Expression 표현, 표출

● **심규형(16세)** 코로나19로 인해 마스크를 쓰고 만나기가 어려워지다 보니 대화가 줄어들어 자기 생각이나 감정을 말하지 않습니다. 하지만 표현을 한다면 코로나19에 방해받지 않는 삶을 살 수 있을 것입니다.

Favorite things 좋아하는 것들

● **이정현(14세)** 좋아하는 것을 하면서 코로나19를 극복할 수 있을 것입니다.

Flexibility 적응성, 융통성, 탄력성

● **이수겸(19세)** 많은 예측 불가능한 사건, 사고를 유연하게 대처해야 합니다.

Free 자유로운

● **정찬영(15세)** 만약 우리가 하고 싶은 일을 한다면 자유로울 수 있습니다. 그렇게 된다면 우리는 한층 더 성장할 수 있을 것입니다.

Friend 친구

● **김학철(15세)** 친구는 나를 즐겁게 해줄 뿐만 아니라 성장하게 해줍니다. 혼자서는 못하는 일도 친구와 같이 하면 할 수 있듯이, 친구는 우리 삶의 원동력입니다. 친구와 함께 하는 주말을 가져보는 것이 어떨까요?

Generous 관대한

● **최준영(16세)** 사람들 간의 거리가 멀어지면서 서로에게 베풀던 작은 친절도 자연스럽게 줄어들었습니다. 남에게 받는 사소한 친절과 남에게 베푸는 사소한 친절이 필요합니다.

Government 정부

● **김근우(15세)** 정부가 잘해야 합니다. 또 정부가 잘할 수 있도록 시민이 끊임없이 목소리를 내야 합니다.

Happiness 행복

● **강민서(14세)** 행복이 제일 중요하다고 생각합니다.

Hobby 취미

● **박시은(15세)** 코로나19로 집에 있는 시간이 많아지고 점점 사람들의 활기찬 모습들이 사라지고 있기도 합니다. 집에 있으면 있을수록 지루하고 또 가

만히 있으면서 무의미한 하루를 계속 살아가고 있습니다. 저는 그런 하루를 의미 있고 재밌게 보낼 취미가 필요하다고 생각합니다.

Honest 정직한

● **최현우(16세)** 코로나19 백신이 개발되고 인터넷 뉴스는 한동안 거짓 뉴스를 뿜어냈습니다. 물론 사실도 어느 정도 있겠지만 저는 '가짜 뉴스'를 더 많이 봐왔던 것 같습니다. 뉴스를 통해 진실만을 말해 주는 것이 백신보다 먼저여야 한다고 생각합니다.

Hope 희망

● **방민서(16세)** 희망은 인간을 비관적인 상황에서 구해낼 뿐만 아니라, 인간이 궁극적인 목표를 추구하도록 만들어주는 연료입니다. 코로나19로 힘든 상황이지만, 희망을 가질 때, 코로나19 시기에도 행복을 추구할 수 있을 것입니다.

Identity 정체성

● **전서윤(14세)** 자신의 정체성을 알아야 합니다.

Illuminate (…에 불을) 비추다, 밝히다

● **김희상(16세)** 등불을 켠다는 뜻을 가지고 있는 Illuminate가 우리 삶에

필요한 단어라고 생각합니다. 코로나9로 정말 힘들고 어두운 시간이지만 우리만큼은 마음에 등불을 켜고 밝은 미래를 생각하면 좋을 것 같다고 생각했기 때문입니다.

Joke 농담

● **최준영(16세)** 힘든 일상이지만, 다시 힘내어 살아갈 수 있도록 해주는 즐거운 농담이 계속되어야 합니다. 서로에게 힘이 되어 주는 재치 있는 한 마디가 우리를 다시 웃게 할 것입니다.

Joy 환희

● **김도연(16세)** 코로나19로 답답하고 힘들지만, 이 속에도 즐거움이 있습니다. 삶의 환희를 바라볼 수 있을 때, 우리는 어떤 힘듦도 이겨낼 수 있을 것입니다.

Justice 정의

● **이정민(14세)** 사회를 보다 나은 곳으로 만들고 싶은 마음이 정의감이라고 생각합니다. 어떤 하나를 정의라고 답할 수 없겠지만, 우리 모두에게는 정의를 향한 꿈이 필요합니다.

Keep 유지하다
● **황지윤(14세)** 행복을 유지할 수 있는 힘이 필요합니다.

Kindness 친절, 다정함
● **이정민(14세)** 서로에게 친절한 마음은 어떤 어려움도 극복할 수 있는 힘을 줄 것입니다.

L

Literature 문학
● **박수미라(15세)** 코로나로 인해 대부분의 사람이 집을 나가지 않고 있습니다. 남는 시간을 문학으로 채워, 집에 있는 동안 코로나가 없는 신비로운 세계로 가 지루한 마음을 달래봅시다!

Life 삶
● **최준영(16세)** 삶 그 자체가 소중합니다.

Love 사랑

● **이정민(14세)** 사랑이 없으면 우리는 살아갈 수 없습니다.

Me 나

● **하준수(15세)** 코로나19 앞에서 사회적인 단합은 중요하지만, 그 주체는 역시 '나'가 되어야 합니다. 제한되며 변화하는 삶에서 나의 모습을 잃지 않아야 무너지지 않을 수 있습니다.

Music 음악

● **강태희(15세)** 많은 사람이 코로나19로 인해 집에만 있으면서 우울감을 호소합니다. 특히 코로나 블루라는 것도 생기면서 점점 더 우울해하고 힘들어하는 사람들이 많습니다. 우울감을 극복하기 위해 신나는 음악을 듣거나 자신이 좋아하는 음악을 들으며 자기 자신을 위로하는 방법을 찾아나갈 수 있도록 하였으면 좋겠습니다.

● **이진복(16세)** 음악은 우리가 삶을 살아가는 데 없어서는 안되는 존재이며, 음악이 주는 가장 큰 효과는 긍정적인 활력이라고 생각합니다. 코로나19로 인해 집밖에 잘 나가지 못해 우울해 있지만 말고 음악을 들으며 긍정적인 생각을 할 수 있길 바랍니다.

Neighborhood 이웃 사람들

● **김희찬(16세)** 우리는 지구촌의 많은 사람의 아픔에 공감하고 그 아픔을 조금이라도 덜어주기 위해 노력해야 합니다.

Norm 표준, 일반적인 것, 규범

● **이수겸(19세)** 이전과는 다른 새로운 기준이 필요합니다.

Opportunity 기회

● **손수민(17세)** 우리에게는 삶의 방식을 바꿀 기회가 있습니다.

Paradigm 인식

● **이수겸(19세)** 현재와는 다른 새로운 사고의 틀이 필요합니다.

People 사람들

● **최준영(16세)** 코로나19 때문에 사람들과 함께 시간을 보내는 것이 더 어색하게 느껴지기도 합니다. 물리적으로 많은 사람과 함께하는 것은 힘들고 어려운 일이 되었지만, 마음속으로나마 그들과 통하는 것은 즐거운 일이 아닐 수 없습니다.

Question 질문

● **하준수(15세)** 질문은 위기 상황 속에서도 분별력을 가질 수 있게 합니다. 공동체의 움직임에 질문을 가지고 자신의 옳음을 찾는다면 우리는 더욱 단단한 사람이 될 수 있습니다.

Resistance 저항

● **최준영(16세)** 우리는 코로나19로 인해 수면 위로 떠오른 수많은 불공정함과 부당함을 마주합니다. 그 부정의함과 불공정함에 저항할 수 있는 용기와 힘이 필요합니다.

Smile 웃다, 미소 짓다

● **김도연(16세)** 지금은 마스크 때문에 미소를 잘 볼 순 없을지라도 미소가 있다면 언제 어디서든 행복할 수 있고 이 행복이 남에게도 전파될 수 있을 것입니다.

Study 공부하다, 배우다

● **이준수(14세)** 공부가 먼저라고 생각합니다. 본질적인 질문에 대해 포기하지 않고 공부해야지 이런 문제들 후 다른 문제를 해결할 수 있습니다.

Symbiosis 공생

● **방민서(16세)** 공생은 인간이 다른 인간이나 지구와 올바르고 지속가능한 관계를 맺는 중요한 방식입니다. 코로나19가 환경과의 공생에 실패해서 생긴 문제라면, 반대로 공생의 연결고리를 다시 잇는다면 위기를 극복할 수도 있습니다.

Sympathy 동정, 연민, 공감

● **심규형(16세)** 우리는 모두 똑같이 코로나19로 고통받는 상황이기 때문에 자신만 힘들다 생각하지 않고 서로의 삶에 공감한다면 코로나19를 이겨낼 수 있을 것입니다.

Together 함께, 같이

● **최승원(16세)** 코로나 때문에 함께 있을 수 없어 외로워지는 사람이 많아지고 있습니다. 모두 함께 살아가야 하기 때문에 소외되는 사람이 없도록 다 함께 연대해야 합니다.

Unique 유일무이한, 독특한, 특별함

● **최준영(16세)** 새로움을 위한 특별함이 필요합니다.

Victory 승리

● **김희찬(16세)** 보편적인 가치를 지켜낸 인간은 결국 평화롭고 아름다운 세상을 만드는 데 성공할 것입니다. 그것이 우리의 진정한 승리입니다.

Value 가치

● **최준영(16세)** 무엇이 가치 있는지 우리의 생각이 바뀔 것입니다. 돈이 모든 것보다 중요한 것처럼 여기던 시절을 지나, 생명에 이로운 것들을 가치 있게 생각하는 시대가 열릴 것입니다.

Welcome 맞이하다, 환영하다

● **손수민(17세)** 새로운 가능성을 맞이하게 될 것입니다. 그 변화를 두려워하지 않을 마음이 필요합니다.

What 무엇

● **이선우(17세)** "우리에게 이제 정말로 무엇이 필요할까?"와 같은 진지한 물음이 필요합니다. 코로나 이전과는 완전히 다른 무언가가 있어야 합니다.

Wisdom 지혜, 슬기, 현명함

● **박유진(17세)** 우리가 환경을 막 대했기에 발생한 코로나인 만큼 지혜롭게 앞으로의 지구를 생각하며 살아가는 모습을 가졌으면 합니다.

Wonder 궁금해하다, 경탄

● **강태희(16세)** 우리는 코로나가 끝난 이후에 과연 마스크 속에 갇혀지기

전의 미소를 되찾을 수 있을지와 코로나19로 인해 피해받은 많은 사람들의 상황을 어떻게 회복할 수 있을지를 생각해야 합니다. 그리고 코로나19로 정지된 공장들 덕분에 자연이 다시 회복했던 것처럼 코로나19가 끝난 후에도 이것을 어떻게 유지해야 하는지, 어떻게 더 나아가야 하는지를 생각해야 합니다.

Wonderful 아주 멋진, 신나는, 훌륭한

● **정재화(14세)** 코로나19를 극복한 이후의 우리의 삶은 훌륭해질 것입니다. 모두가 포기하지 않고 코로나19를 이겨낸 값진 결과가 될 것입니다. 저는 코로나19를 뛰어넘은 멋진 세상을 꿈꿉니다.

Xoxo 키스와 포옹

● **손수민(17세)** 사랑하는 사람들을 향한, 모든 인류와 생명체를 향한 키스와 포옹을!

Youth, Young Generation 청소년, 젊은 세대

● **최준영(16세)** 새로운 세대가 탄생할 것입니다. 인류를 하나의 가족으로 여기고, 다른 종들과 공생할 수 있는 세대입니다.

Zealousness 열광적임

● **박유진(17세)** 코로나가 끝나면 할 거라 세웠던 목표를, 하고 싶었던 일을 잊어버리지 않고 열심히 자유롭게 열정적으로 살아가는 우리의 모습이 있기를 바랍니다.

Zoning (도시 계획의) 지대 설정, 지역제

● **이선우(17세)** 지금까지는 해치지 않아야 할 약간의 구역을 따로 정했다면 이제는 새로운 구역화가 필요합니다. 우리에게 정말로 필요한 곳은 공존하는 공간입니다. 그곳에는 반드시 많은 다양성이 존재했으면 좋겠습니다. 많은 다양성은 싸움과 충돌을 가져오지만, 그래서 조금 불편할 때도 있지만 우리를 무지하지 않게 만들어줍니다.

혐오와 공감

유영종

- 인하대학교 영어영문학과 교수
- 『매기의 야구 노트』, 『불새처럼 일어나』,
『크라신스키 광장의 고양이들』 등 번역

인하대학교에서 미국문학과 어린이·청소년 문학을 가르치는 유영종 선생님은 따뜻한 시선으로 세상을 바라보는 영문학자입니다. 좋은 시와 소설을 어린이와 청소년에게 소개하며, 문학의 힘을 통해 세상을 보다 아름다운 곳으로 만들 수 있다는 희망을 전합니다.

　유영종 선생님은 인디고 서원에서 발행하는 '청소년들이 직접 만드는 인문교양지' <인디고잉>에 2008년부터 좋은 영미 시를 소개하는 글을 기고하고 있습니다. 청소년들이 시를 통해 세상을 살아가는 힘을 얻기를 원한다고 합니다. 유영종 선생님과 대화를 통해 공생의 세계를 만드는 힘은 공감에서 시작하고, 서로 다른 존재를 이해하는 힘은 평화를 가능하게 한다는 삶의 진실을 믿을 수 있습니다.

질문: 어린이와 청소년에게 좋은 문학 작품을 소개해주시는 선생님을 만나 정말 반갑습니다. 문학 작품을 통해 세상과 소통하는 노력을 많이 하시는데요. 선생님은 코로나19로 어려운 시간을 지나고 있는 오늘날을 어떻게 지내고 계신지요?

유영종: 힘들고 어려운 시기인 것은 틀림없지만, 조금은 희망을 갖고 바라보고 있어요. 단기간에 백신이나 치료제를 개발하는 것이 불가능하다는 비관적인 전망이 많았는데 많은 사람이 힘을 합쳐 기적 같은 일을 이루어 냈어요. 몸, 마음, 그리고 경제적으로 어렵기 때문에 세계 곳곳에서 혐오와 증오가 불거져 나오기도 했지만, 그와 동시에 모두 함께 연대해야 이 전염병을 이겨낼 수 있다는 공감대도 형성되었고요. 그 덕분에 우리는 다시 조금씩 미래에 대해 이야기할 수 있게 되었지요.

사람은 누구나 실수를 하며, 또 어려운 시기를 견뎌 나가며 소중한 교훈을 얻고 성장하잖아요. 이번 전염병을 겪은 시기도 우리가 추구해야 할 가치들에 대해 새로 배우는 시간이 된 것 같아요. 제게는 많은 것을 생각한 계기가 되었어요. 형식적으로 던지던 안녕하냐, 잘 지냈냐는 인사에 진심을 담게 되었어요. 무심코 지나쳤던 일상적인 것들의 소중함도 새삼 느끼게 되었고요. 사랑하는 사람들을 만나서 맛있는 음식을 나눠 먹고, 찻집에 앉아 이야기 나누고, 햇살 좋은 날에는 나무 사이로 부는 바람 소리를 들으며 예쁜 꽃이 만발한 곳을 거닐고…. 다시 이런 일들을 마음껏 할 수 있다면 이젠 당연하게 받아들일 것 같지 않아요. 예전에는 이미 많은 것을 갖고도 더 많은 것을 원하며 초조해했고, 싫은 것, 싫은 사람들 생각에 미움도 많이 품었는데, 전염병에서 자유로워질 땐 소소한 일상 속에서도 더 쉽게 즐거워하고, 더 큰 행복을 느낄 것 같아요.

경쟁이 아닌 연대, 그리고 특별함이 아닌 일상이라는 잊혀가던 가치를 다시 깨닫는 날들이라 생각하며 아직 어렵고, 혼란스러운 시기임에도 불구하고 긍정적인 것들을 찾고 있습니다.

질문: 경쟁이 아닌 연대, 그리고 특별함이 아닌 일상을 이야기하셨는데, 오늘날을 혐오의 시대라고 부르는 사람들도 있습니다. 역사적으로 보았을 때 정말 그러한 것일까요? 왜 그런 이야기가 나오는 걸까요?

유영종: 지난 1년 동안 혐오와 증오가 코로나 바이러스처럼 우리 사이에 빠르게 확산되었지요. 눈에 보이지 않는 바이러스가 불러일으킨 두려움을 교묘하게 타인을 향해 돌린 것이 큰 이유였던 것 같아요. 몇몇 영향력 있는 국가의 지도자들과 언론들은 코로나19, 혹은 코로나 바이러스라는 공식 명칭을 외면하고 우한 폐렴, 중국 바이러스라고 부르기를 고집했지요. 특정 지역, 인물, 직업군을 병명에 사용하는 것은 이들에 대한 혐오를 일으킬 수 있다고 한 국제기구의 경고를 일부러 무시한 것이에요. 혐오를 퍼트려 전염병 확산에 신속하고 적절하게 대처하지 못한 자신의 잘못을 감추며 책임을 떠넘기려 한 것이지요.

우리는 이렇게 정치적 목적으로 시작된 혐오와 증오가 전 세계에 걸쳐 눈덩이처럼 커지는 것을 보았어요. 처음에는 남의 일인 줄 알았지만 결국 중국 사람들만이 아니라 우리나라 사람을 비롯한 모든 아시아 사람들이 미국과 유럽에서 폭행과 차별의 피해자가 되었지요. 그리고 같은 아시아 안에서도 타국 사람들을 향한 혐오의 목소리가 비정상적으로 커지고, 같은 나라에서도 집단 감염이 발생한 지역의 사람들을 향한 비난이 쏟아졌어요. 그래서 지금이 마치 혐오의 시대처럼 보이기도 하지요.

하지만 이런 현상이 새로운 것은 아니에요. 사회적 혐오와 증오에 대해 흥미로운 관찰을 한 사람 중에 애런 벡(Aaron Beck, 1929~)이라는 미국 심리학자가 있어요. 벡에 따르면 한 인간에 대해 증오와 혐오를 퍼뜨리기 위해 사회는 세 단계의 작업을 한대요. 혐오 대상을 집단화시키고, 그 집단을 비인간화시키고, 마지막으로 악마화시킨다고 해요. 나치 독일에서 유대인 학살을 자행할 때 바로 이런 작업을 했지요. 문학 작품은 이런 일이 일어나기 한참 전부터 이런 혐오 작업에 대해 경고해 왔어요. 윌리엄 셰익스피어(1564-1616)의 『베니스의 상인』에서 16세기 베니스 시민들은 샤일록을 유대인, 개, 사탄이라고 부르며, 집단화, 비인간화, 악마화했어요. 샤일록의 고통이나 소외에는 아무도 인간적 관심을 가지지 않았지요. 그래서 샤일록을 베니스 사회에서 매장시키면서도 전혀 죄책감을 느끼지 않았어요.

실제로 우리가 사는 사회에 혐오와 증오가 많이 퍼지고 있다는 생각은 들어요. 하지만 이런 게 역사적으로 아주 특별한 현상은 아니었고, 언제든 자신들의 잘못을 가리려 약한 사람들에게 집단적 폭력을 가하는 일은 있었던 것 같아요.

질문: 선생님 말씀처럼 혐오와 증오의 문화가 점점 커지는 것 같습니다. 손 놓고 볼 수는 없을 텐데요. 이러한 시대를 잘 극복하기 위해 선생님께서 청소년에게 추천하고 싶은 문학 작품은 무엇일까요?

유영종: 혐오가 퍼지는 것을 막기 위해서는 주위에서 이런 집단화, 비인간화, 악마화가 일어나고 있지는 않은지 관심을 가지고 보아야 합니다. 그리고

1902년 보어전쟁. 영국이 남아프리카 대륙을 침략한 제국주의 전쟁이다.

피해자가 우리와 똑같이 고통받는 인간임을 기억해야겠지요.

많은 문학 작품들이 타인의 고통에 대해 알려주는 역할을 해 왔어요. 추천하고 싶은 작품은 무척 많지만, 지금 같이 읽을 수 있는 짧은 현대 시를 소개하고 싶어요.

토머스 하디(Thomas Hardy, 1840~1928)의 「그가 죽인 사람(The Man He Killed)」인데, 이 시가 출간된 1902년은 영국인과 남아프리카에 정착해 살던 네덜란드계 보어인 사이에 벌어졌던 보어전쟁(The Boer War)이 끝난 해였어요. 영국이 남아프리카 대륙의 금, 다이아몬드 같은 귀금속 광산을 빼앗기 위해 벌인 제국주의 전쟁이지요. 하디는 영국 시인이지만, 그 시대의 진보적인 사람들과 함께 제국주의 정책을 반대했어요. 그래서 「그가 죽인 사람」 같이 영국이 벌이는 제국주의 전쟁을 비판한 시를 여러 편 썼습니다.

The Man He Killed

토마스 하디

"Had he and I but met
By some old ancient inn,
We should have set us down to wet
Right many a nipperkin!

"But ranged as infantry,
And staring face to face,
I shot at him as he at me,
And killed him in his place.

"I shot him dead because--
Because he was my foe,
Just so: my foe of course he was;
That's clear enough; although

"He thought he'd 'list, perhaps,
Off-hand like--just as I--
Was out of work--had sold his traps--
No other reason why.

"Yes; quaint and curious war is!
You shoot a fellow down
You'd treat, if met where any bar is,
Or help to half a crown."

그가 죽인 사람

토마스 하디

그와 내가 그냥
한 오래되고 낡은 여관 술집에서 만났다면
같이 술잔을 주고받으며
거나하게 취했으련만!
하필 보병으로 배치되어
서로 노려보며 그는 나를
나는 그를 쏘다가
그 자리에서 그를 죽였지.
나는 그를 쏴 죽였어 왜냐하면--
왜냐하면 그는 나의 적이었기에.
맞아! 정말 그는 나의 적이었어.
그건 정말 분명해. 하지만...
어쩌면 그도 별생각 없이 덜컥 군대에
입대하기로 결정한 건 아니었을까--나처럼--
일자리를 잃고--세간살이도 다 팔고 난 후에--
단지 그랬기 때문에.
그래, 전쟁은 묘하고 이상한 거야!
아무 술집에서라도 만났다면
술을 사거나 푼돈이라도 도와줬을 사람을
총으로 쏴 죽이니.

인터뷰

토머스 하디

질문: 이 시를 추천하신 이유는 무엇인가요? 시에 대한 설명을 부탁드립니다.

유영종: 혹시 혐오와 증오의 피해자들이 어떤 사람일까 궁금해 본 적이 있나요? 시의 화자는 처음부터 전쟁터에서 만났던 적군 병사에 대한 생각에 몰두해 있습니다. 전쟁에서 적군은 증오와 혐오의 대상이지요. 나와 동료들을 해칠 수 있으니까요. 하지만 화자는 독특한 상상을 통해 내면에서 일어나는 갈등을 보여줍니다. 전쟁이 아니라 다른 상황이었다면, 예를 들어 오래되고 낡은 술집에서 만났다면, 자신과 자신이 죽인 적군이 술친구가 되지는 않았을까 하는 생각을 갑자기 한 것이에요.

화자는 자신이 왜 그 병사를 죽여야만 했는지 설명하려고 해요. 자신의 행동을 합리화시키고 싶었던 거지요. 적이었다고, 적이었기 때문에 총을 쏴서 죽였다고 반복해서 강변하지만, 그것이 정당한 이유라는 것을 스스로에게조차 납득시키지 못해 쩔쩔매고 있어요. 적이기 때문에 죽여야 한다고 배웠지만, 왜 그 사람을 증오해야만 했는지는 이해할 수 없었던 것이지요. 화자의 당혹감은 이유를 찾으려고 말을 멈추고 생각하는 것을 보여주는 문장부호, 그리고 "왜냐하면"이라는 단어의 반복으로 드러나고 있어요.

화자는 자신이 전쟁터에 나간 이유를 생각하며 자기가 죽인 사람도 그러지 않았을까 상상합니다. 화자는 애국심이나 신념 때문에 입대한 것이 아니라 일자리를 잃고, 가진 것도 다 팔아야만 할 만큼 가난해졌기 때문에, 입에 풀칠하기 위해서 어쩔 수 없이 군대에 갔기 때문이지요. 그래서 자기가 죽인 사람도 비슷한 이유로 전쟁터에 끌려 온 것은 아닐까 하는 상상을 하게 된 거예요. 시의 마지막 부분에서 화자는 전쟁이라는 이상한 상황이 도움을 주고받을 수도 있었을 소박한 사람들을 서로 죽도록 증오하게 만들었다는 깨달음을 들려줍니다.

이 시는 전쟁의 문제를 지적함과 동시에 증오와 혐오가 비정상적이며 누군가에 의해 의도적으로 형성된 감정이라는 것도 알려주고 있어요. 힘 있는 사람들이 제국주의 정책을 위해, 기득권 유지를 위해, 혹은 책임 회피를 위해 계속 증오와 혐오를 퍼부을 희생양을 만들어 온 것을 암시해 주고 있지요.

질문: 코로나19가 지나가면 혐오의 문제가 해결될 수 있을까요? 이 공동의 문제를 극복하기 위해 가장 먼저 해야 할 중요한 일은 무엇일까요?

유영종: 대부분의 문제들이 그렇듯 저절로 해결되지는 않겠지요. 하지만 우리가 이 경험에서 교훈을 얻고, 타인의 고통에 공감하는 법을 다시 배우게 된다면 코로나19 이후의 세상은 조금 더 나은 곳이 되지 않을까요?

지난 1년 우리는 증오와 혐오가 전염병 문제 해결에 도움이 되지 않는다는 것을 분명히 보았어요. 또, 바이러스에는 국경이 없고, 세상 어느 한 곳이라도 위험해진다면 우리 모두가 안전하지 않다는 것도 알게 되었지요. 그러니 우리가 싸워야 할 것은 코로나 바이러스만은 아니에요. 뉴스를 보면 코로나19 이후의 미래를 상상할 때 산업 구조, 교육 방식, 금융 시장 같은 외적 변화에만 집중하는 것처럼 보여요. 지속가능한 사회를 만들기 위해서는 이런 변화보다 개인과 사회의 공감 능력을 기르고 확장하는 것, 그런 능력이 자연스럽게 나타날 수 있는 사회 구조를 만드는 것이 더 필요한 것 같은데 말이에요. 우리에게 식량이 부족해서 굶주린 사람들이 있는 건 아니잖아요. 나눔이 부족해서 그렇지요. 소수, 그리고 약자에게 혐오를 퍼붓는 것도 공감 능력이 떨어져서 그럴 거예요.

사실 우리 사회는 사람들의 공감 능력을 꺾으려고 계속 시도해 왔어요. "인간은 이기적이다", "인간은 서로에게 늑대다" 같은 이야기를 반복해 주입시키며, 삶의 목적이 남들보다 앞서는 것, 부자가 되는 것, 명예를 얻는 것, 권력을 얻는 것이라 생각하도록 만들려 했지요. 그런데 약육강식, 무한경쟁을 합리화시킨 우리 역사 속에서도 이타적인 행동을 한 평범한 사람들의 이야기를 수없이 발견할 수 있어요. 인류의 역사를 종종 투쟁의 기록이라고 하지요. 하지만 제러미 리프킨(Jeremy Rifkin, 1945~) 같은 사회경제학자는 『공감의 시대』(The Empathic Civilization)에서 역사를 공감 능력 확산의 기록이라고 주장하고 있어요.

제러미 리프킨

인류 역사 초기에는 나와 가족, 내 부족 말고는 누구의 고통에도 공감할 수 없었을 거예요. 모두가 나를 위협하는 타자처럼 생각되었을 테니까요. 그런데 시간이 지나며 우리는 공감의 범위가 차츰 내 마을 사람들, 내 나라 사람들, 같은 종교를 믿는 사람들, 그리고 이제 같은 생태계에 사는 모든 생물에게까지 확대된 것을 보았어요. 네팔에 있는 아이들을 위해 도서관을 지어 준 인디고서원의 프로젝트에도 많은 사람들이 관심을 갖고 후원했다고 들었어요. 같은 나라 사람도 아니고, 같은 종교를 가진 것도 아닌데도 말이에요. 최근 활발하게 진행되고 있는 환경운동도 마찬가지지요. 우리의 생존을 위해서 필요하기도 하지만, 한편으로는 같은 생태계를 살고 있는 말 못 하는 모든 생명체들의 고통도 함께 느끼는 거잖아요. 그러니 사회적으로 학습되는 혐오와 증오가 아니라 공감이 우리에게 더 자연스러운 본성임이 틀림없는 것 같아요. 코로나19 이후의 미래는 공감이라는 본성이 자연스럽게 표출될 수 있는 사회가 되도록 만들어야 하지 않을까요?

질문: 공감이 중요하다는 것을 모르는 사람은 없을 것입니다. 하지만 서로 다른 생각과 문화를 이해하기가 참 어려운 것 같습니다. 문학은 공감을 가능하게 한다고 하는데, 선생님께서는 오늘날 문학이 가진 힘은 무엇이라고 생각하시는지요?

유영종: 저는 문학과 같은 예술이 굉장히 많은 것을 할 수 있다고 믿는 사람이에요. 아름다운 음악이 숭고함이라는 감정이 무엇인지 느낄 수 있게 해 주듯, 문학 작품에 담겨있는 다른 사람들의 이야기는 다양한 삶의 양상에 대해 호기심을 갖게 해 주어요. 우리 각자의 경험은 좁을 수밖에 없지요. 아무리 세상 여행을 많이 다녀도 우리가 만날 수 있고, 볼 수 있는 것은 한정되어 있어요. 그래서 문학이 중요한 역할을 해요. 문학 작품을 통해 우리는 다양한 관점으로 세상을 보고, 그 입장에서 생각하는 법을 배울 수 있어요. 나와 다른 생각과 생소한 문화를 조금 이해할 수 있게 되지요. 또, 별, 꽃, 나무, 동물들에 대한 상상 이야기는 세상 모든 말 못 하는 것들의 신비로움을 가르쳐 주어요. 밤하늘에 보이는 은하수가 견우와 직녀가 만날 수 있게 도와주는 새들의 무리라고 생각하면 신기하지 않나요? 나무 하나, 꽃 하나, 들풀 하나가 자신만의 이야기를 품고 있다고 생각하면 함부로 대할 수 없을 거예요. 그래서 문학이 공감을

가능하게 한다고 이야기하는 것 같아요. 사람들뿐만이 아니라 세상 모든 것들에 대한 공감을 말이지요.

문학의 위기에 대한 이야기들이 많이 나오지만, 저는 현대에 와서 문학이 더 중요해졌다고 생각해요. 기술과 과학이 상상을 초월할 정도로 발전했음에도 불구하고, 무언가 불안하고 공허하다고 느끼는 사람들이 많아졌어요. 현대인들은 마치 고도로 발전한 과학, 기술 문명 앞에서, 그것이 가진 가능성을 제대로 사용할 줄 모르는 아이처럼 혼란스러워하는 것 같아요. 그래서 세상을 하나로 엮은 네트워크망은 증오와 혐오의 말로 채워지고, 새로운 기술은 금방 위험을 가져오는 도구로 바뀌기도 합니다. 이기심, 탐욕, 증오 때문에 발전된 과학과 기술이 힘들고 고통받는 다수의 문제를 해결하는데 적절하게 사용되지 못하고 있는 것처럼 보여요. 이런 현상은 정신의 발전이 기술과 과학의 발전을 따라가지 못했기 때문에 일어났다고 생각해요. 그리고 문학은 다른 예술들과 마찬가지로 우리의 정신을 기술과 과학의 발전과 발맞추게 승화시켜 줄 수 있다고 믿어요.

질문: 공감이 혐오의 시대를 건너갈 힘이라는 말이 무엇을 뜻하는지 더 정확하게 알 것 같습니다. 공감하는 인간이 될 수 있도록, 청소년들에게 마지막 메시지 부탁드립니다.

유영종: 공감은 상대방의 입장이 되어 함께 느끼고, 생각하는 것을 말합니다. 가난한 아이, 해고된 노동자, 혐오의 피해자 같은 사회적 약자의 입장에서 세상을 볼 수 있는 능력입니다. 또, 이웃의 행복과 기쁨을 똑같이 함께 느낄 수

있는 능력이지요. 그러기 위해서는 풍부한 상상력이 필요하겠지요. 적군의 입장이 되어 본 하디 시의 화자처럼 말이에요. 상상력을 기르기 위해 문학처럼 훌륭한 것이 어디 있겠어요. 공부할 것이 많기 때문에, 전염병의 공포 때문에, 그리고 혐오와 증오가 가져온 추한 현실 때문에 문학 작품을 읽을 마음의 여유가 없다고 생각할 수도 있을 거예요. 하지만 옛날부터 이야기는 사람들에게 두려움을 이겨나가게 해주는 힘이 되어왔어요. 글이 아직 없을 때도 사람들은 모닥불을 두고 모여앉아 밤하늘에 보이는 별에 대한 이야기, 낮에 본 동물들의 이야기, 독특하게 생긴 꽃 이야기들을 하며 어둠과 함께 밀려드는 위험을 잊어왔지요. 그러니 청소년 여러분도 아름다운 시, 재미있는 이야기를 읽으며 마음껏 상상의 날개를 펼칠 여유를 찾을 수 있기를 바랍니다.

우리는 인간입니다

● ● ● ● ● ● ● ●

노라 크루크 Nora Krug

● 뉴욕 파슨스 디자인 스쿨 부교수
● 『나는 독일인입니다』 저자
● 2018년 전미도서비평가협회상 수상
● 2019년 에반겔리셔 저술상 수상

2021년 8월 21일, 『나는 독일인입니다』의 저자 노라 크루크를 온라인으로 만났습니다. 이 책에는 독일인으로서 역사적·문화적 정체성을 찾아 떠난 여정의 이야기가 담겨 있습니다.

노라 크루크는 전쟁을 일으키고 유대인 학살을 저지른 나라의 국민으로서 과거에 대한 반성에 그치지 않고 이를 직접 겪었던 사람들의 이야기를 통해 그 아픔을 딛고 어떻게 살아갈 것인가라는 질문에 대한 대답을 찾아 나섭니다. 일러스트레이터로서 사회에 어떤 메시지를 던질 것인지 책임감을 느낀다는 노라 크루크와의 만남은 전쟁이란 무엇인지, 평화는 어떻게 만들 수 있는지, 적대감을 넘어 서로의 장벽을 어떻게 무너뜨릴 수 있는지 생각하게 합니다.

질문: 선생님을 만나게 되어 정말 기쁩니다. 『나는 독일인입니다』라는 책은 전후 독일인이 갖는 깊은 고민을 일러스트레이션을 통해 아름답게 풀어낸 책이라고 생각합니다. 이 책을 쓰시게 된 계기가 무엇인가요?

노라 크루크: 안녕하세요. 저 역시 만나서 정말 반갑습니다. 한국 청소년과는 첫 번째 만남입니다. 저에게는 물론 한국 친구도 있고, 제가 가르치는 한국 학생도 여러 명 있었기 때문에 한국과 인연은 이미 있었다고 할 수 있겠습니다.

저는 일러스트레이터로 다양한 일을 해왔습니다. 어린이 책, 애니메이션 영화, 만화, 잡지, 갤러리, 전시 등을 기획하고 진행했습니다. 고등학교에서는 고전 음악을 전공했습니다. 대학교는 무대 디자인을 전공했고, 베를린에서 다큐멘터리 영화를 공부하기도 했습니다. 이후 뉴욕에 와서 일러스트레이션을 공부했고, 지금은 일러스트레이터로 일하고 있습니다. 저는 일러스트레이션을 제가 어떻게 느끼고 생각하는지를 전달하는 소통의 매개로 생각합니다.

그림을 그린다는 것은 저에게는 목격하는 것, 기록하는 것, 사람들에게 이야기를 전하는 것입니다. 일러스트레이션은 객관적인 것이 아니라 정치적인 사유 내에서 이루어지는 활동이라고 생각합니다. 역사적으로 볼 때, 그림은 사회의 위계를 나타내거나 종교나 도덕규범을 보여주기도 합니다. 즉, 그림은 실제로 우리가 어떤 존재인가를 객관적으로 드러내는 것이라기보다 우리가 어떤 존재이길 원하는가를 보여주는 것이죠.

『나는 독일인입니다』라는 책은 제가 했던 기존의 많은 작업의 연장선이자 종합입니다. 홀로코스트와 관련된 사람들의 생애를 담아서 이를 어떻게 표현할 것인가에 관한 고민이 담겨 있는 책이라고 하겠습니다. 이 책은 독일인의 관점에서 쓰였습니다. 전쟁이라고 하는 주제에 대해 독일인의 관점에서 이를

『나는 독일인입니다』의 영어 제목은 '소속감(Belonging)'이다.

다루는 것은 사실 적잖은 두려움을 갖게 합니다. 왜냐하면 독일은 침략자였고 전쟁의 주도자였기 때문입니다. 이러한 역사적인 사실은 어린 시절 저에게 그림자를 드리웠고, 10대 때 "독일인이란 무엇인가"라는 정체성에 대해 끊임없이 질문하게 했습니다.

책을 보신 분들은 아시겠습니다만 어린 시절에 저는 전쟁과 홀로코스트에 관한 학습을 많이 하면서 실제로 생존자를 만나기도 하고, 수용소를 방문해 보기도 했습니다. 또 학교 수업에서는 히틀러의 연설을 분석하기도 했는데요. 그럼에도 불구하고 우리 가족, 우리 마을에서는 실제로 어떤 전쟁의 피해가 있었는지에 대해서는 이야기하지 않았습니다. 그것을 알기 위해 저는 책을 쓰기 시작했지요. 조부모님께서 돌아가시는 바람에 나치나 홀로코스트에 대해 직접 질문할 기회를 잃어버렸는데, 대신 생존한 분들을 만나 이야기를 들을 수 있었습니다.

질문: 책을 만드는 과정 자체가 독일인으로서 정체성을 찾아가는 여정이었군요. 역사적 인식을 갖는 것이 중요한 이유는 무엇이고, 정체성을 형성하는데 어떤 의미를 가질까요?

노라 크루크: 저는 19살부터 영국과 미국을 거치며 공부를 했고, 그 과정에서 독일인인 제가 가진 억양의 차이 뿐만 아니라 다양한 부정적 편견을 마주하게 되었습니다. 독일이 아닌 외국에서 살면서 더더욱 독일인이라고 하는 특성에 대해서 질문을 받게 되었고요. 그러면서 제 안에 있던 독일인으로서 정체성에 대해서 끊임없이 질문을 던지는 계기가 있었습니다. 그래서 이 책은 과거의 역사를 다루고 있지만 동시에 현재를 다루고 있는 것이기도 하고, 우리 가족의 이야기를 하고 있지만 국가와 문화를 말하는 글이기도 합니다.

책을 쓰는 과정에서 가장 중요하게 발견한 자료는 1940년대에 외할아버지께서 미군에게 자신이 어찌하여 나치와 연계될 수밖에 없었는지 끊임없이 해명하는 편지들입니다. 이 편지들을 글과 그림을 통해 하나의 다큐멘터리로 만드는 작업을 했고, 이것은 하나의 시를 쓰는 일 같이 느껴졌습니다. 이야기를 쓰는 데 2년이 걸렸고, 일러스트를 그리는 데 2년이 걸렸습니다. 제가 하고 싶은 작업은 그 글과 그림들 안에 있는 다양한 층위들을 나누어서 입체적으로 이야기를 구성하는 것이었습니다.

또한 저는 독일인이고, 독일인이 쓰는 이 책이 사람들에게 잘못된 인식을 심어주는 걸 경계하고자 애썼습니다. 그래서 말 자체는 최대한 단순하게 하고 그림으로 더 많은 것을 표현하고자 했고요. 제 감정에 대한 설명은 피하고자 했습니다. 지나치게 감성적인 것을 표현하고 싶지 않았기에, 독일 군인이었던 삼촌의 죽음에 대해서도 이미지들을 통해 우울함을 표현할 뿐, 제가 느낀 슬픔을 지나치게 표현해서 독일인을 미화하거나 영웅적인 모습으로 그리는 일을 피하고자 노력했습니다.

일러스트레이터이자 작가로서 저는 생생한 역사의 순간을 포착하고 싶었습니다. 살아 있는 역사를 생생한 이미지를 통해 드러내고 싶었던 것이지요. 저는 벼룩시장에서 1930~40년대를 살았던 사람들의 개인적인 물품과 기록들을 많이 찾았습니다. 그런 물건들을 찾아보면 정치적인 것보다는 지극히 개인적인 것들을 굉장히 많이 보게 됩니다. 이것이 바로 『나는 독일인입니다』라는 책이 제 가족에 관한 사적인 이야기면서 이 시기에 사람들이 집단적으로 경험한 이야기를 담고 있는 이유입니다. 우리의 삶에 대해 우리는 집단적 책임을 가질 뿐만 아니라 아주 사적인 개인사와 함께 개인적 책임도 갖고 있습니다.

궁극적으로 저는 이 작업을 제 문화 정체성을 찾기 위한 지도를 만드는 작업이라 생각했습니다. 문화 정체성이 저에게 어떤 의미를 갖는지 질문하고 찾아가는 과정이었죠. 집단으로서 독일인이 갖는 죄책감, 책임 의식을 극복하기 위해서라기보다는 그것이 무엇이고 어떠한 것인지 새로운 시선으로 보고 싶었습니다. 비단 제 가족에 대한 이해나 문화만이 아니라, 여러분이 어느 나라 사람이든, 어떤 언어를 쓰든 다른 사람이 속한 가족과 문화에 대해 질문할 수 있게 하는 초대장 같은 역할 말입니다. 모든 국가나 공동체는 어두운 면을 가지고 있습니다. 그 어두운 역사가 과거로만 인식되는 것이 아니라, 앞으로 어떤 미래가 있어야 하는지에 대한 비전과 통찰로 나아갈 수 있기를 희망합니다.

질문: "나는 독일인입니다"라는 말의 의미를 찾아가는 이야기가 큰 울림을 주었습니다. 특히 마지막 부분에 나오는 "전쟁이 벌어지지 않았다면 우리 가족은 어떤 모습이었을까?"라는 질문은 더욱 많은 생각을 하게 해주었습니다.

우리는 '이야기의 힘'을 믿습니다. 선생님의 생각을 이렇게 아름다운 서사로 풀어낸 이유 역시 저희가 믿는 이야기의 힘과 맞닿아 있을 것이라 생각합니다. 선생님이 생각하는 이야기의 힘은 무엇인가요?

노라 크루크: 다양한 이야기들이 끊임없이 만들어지고 전파되는 것은 우리에게 감정적인 통로와 접근을 제시해줍니다. 교과서에는 전쟁이나 통일에 대한 사실 정보만 나열되는 경우가 많습니다. 지금 제가 하는 작업은 제가 어린 시절에 충분히 누리거나 갖지 못했던 교육적 정보를 나누는 것이기도 합니다.

19세기 중반 미국이 일본을 점령하기 위한 과정을 보여주는 굉장히 재미있는 그림이 있습니다. 같은 사건을 두고 미국 작가, 일본 작가가 각기 다른 그림으로 그린 것을 알 수 있어요. 물론 의도적으로 왜곡된 형태로 그림을 그려서 당대의 현실을 보여주는 경우도 있습니다. 유럽 중세의 인종주의를 담은 그림을 보면, 유대인과 돼지의 성교 장면을 묘사하기도 했는데 이는 유대인을 모독하려는 것이죠. 저는 이런 그림을 보고 성찰하면서 "역사적으로 일러스트레이터의 정치적인 책임은 무엇인가", "내가 이러한 문제를 사람들에게 보여주고, 진실에 접근할 수 있기 위해서 무엇을 할 수 있는가"와 같은 질문을 스스로 많이 던집니다.

결국 제가 말하고 싶었던 것은 극적인 전쟁의 양상이 아니라, 평범한 일상이 전쟁 속에서 어떻게 이어지는지와 같은 지극히 개인적인 이야기들입니다. 그래서 그것이 소설이든 비소설이든 어떤 형식을 취하든 시적인 방식을 통해 이야기가 전개된다면 인간의 감정에 대한 이해의 문이 되지 않을까 생각합니다.

질문: 오늘날을 혐오의 시대라고 부릅니다. 역사적으로 차별과 혐오가 없었던 시대는 없었지만, 지금은 마음속 깊은 곳의 혐오가 더욱 교묘하게 많은 사람에게 상처를 주고 있다고 생각합니다. 코로나19로 민족, 인종, 종교 등으로 인한 갈등과 분열이 심화되는 오늘날, 우리에게는 정의로운 정체성이 필요합니다. 선생님이 자신의 정체성을 찾기 위해 여행을 떠났듯, 우리도 새로운 정체성을 향한 여정이 필요한 때라고 생각합니다. 코로나19의 시대적 상황에서 우리는 어떤 정체성을 고민해야 할까요?

노라 크루크: 저는 책을 통해 문화적 정체성을 말씀드리고 싶었습니다. '국가 정체성'이라는 표현은 정치적으로 편견을 가질 수 있기 때문에 '문화적 정체성'이라는 표현을 썼습니다. 문화적 정체성은 끊임없이 변화할 수 있고 개인적이기도 한 것입니다. 그 누구도 진정한 한국인 혹은 진정한 독일인을 정의할 수 없습니다. 만약 정해진 정체성을 말한다면 마치 도널드 트럼프와 같은 우파 정치인이 "나와 같이 생각하지 않으면, 넌 미국인이 아니야!"라고 말했던 것과 비슷한 논리를 제시하는 겁니다. 그러한 논리에 우리는 저항할 수 있어야 합니다. 그래서 다양한 문화적 정체성이 얼마나 의미가 있는지, 얼마나 많이 변화

인터뷰

할 수 있는지를 알고, 또 이것을 어떻게 표현할 수 있을지에 대한 고민을 이어나가는 것이 중요합니다.

질문: 타인의 생각과 입장을 이해한다는 것은 무척 어려운 일이지만, 포기할 수는 없는 것이겠지요? 다른 사람을 이해해야 하는 이유는 무엇이고, 그 과정에서 예술이 갖는 힘은 무엇일까요?

노라 크루크: 저는 공감과 감정이입에 대해 말씀드리고 싶습니다. 인간이 가지고 있는 능력 중에 가장 위대한 것이기도 하고, 정치적인 실천이기도 합니다. 물론 대화도 중요하지요. 우리가 설령 서로의 의견에 차이를 보이고 동의하지 않는다고 해도 대화를 포기하지 않는 것이 중요합니다. 전 세계 곳곳에서 사회적 분리와 차별이 공공연하게 일어나고 있고, 정치적인 양극화도 심해지고 있습니다.

<가미카제(Kamikaze)>라는 작품이 있습니다. 다케히코 에나라는 사람이 자신의 의지와 상관없이 제2차 세계대전에 참전했던 이야기입니다. 비행기 조종사였던 그는 전쟁 중 예상치 못한 엔진 사고를 겪게 됩니다. 그리고 극적으로 살아남게 되지요. 이 경험을 바탕으로 그는 전쟁이라는 것이 인간의 삶을 얼마나 망칠 수 있고, 또 황폐하게 만들 수 있는지를 설파하는 평화주의자로서 활동하고 있습니다. 가미카제의 경우에도 제가 일본에 직접 가서 많은 시간 동안 연구를 진행했음에도 불구하고 그들의 역사적 개입의 이유 혹은 그들이 실제로 저질렀던 만행에 대해서 자료가 많지 않았습니다. 저는 가미카제에 몸을 실었던 한 사람 한 사람이 가지고 있는 삶의 이야기에 대해 주목하고 싶었습니다.

<가미카제(Kamikaze)>

　제가 이 책을 쓰고 나서 중국에서도 연락이 온 적이 있습니다. 가미카제와 관련하여 일본이 중국에 대해 그리고 한국에 대해서 저지른 악행에 대해 어떻게 생각하는지, 어떤 입장을 갖고 있는지 반문하는 메시지를 받기도 했습니다. 그 순간에도 제가 생각했던 것은 반론을 듣는 것까지도 중요한 실천이라는 사실이었습니다. 눈과 귀를 닫기보다는 왜 그런 일이 있었는지를 알아야 하고, 또 그런 일이 반복되지 않도록 노력하는 것이 이 모든 과정에 포함되는 것입니다. 그리고 그런 노력도 공감이라는 단어로 충분히 이해할 수 있을 것입니다.

　질문: 전 세계 유일한 분단국가를 살아가는 한국의 청소년들에게 메시지 부탁드립니다.

노라 크루크: 저는 북한의 정치, 북한 사람들의 일상, 탈북 난민에 대한 이야기에 관심을 많이 가지고 있습니다. 우리에게 가장 중요한 것은 그들의 삶에 대한 이해가 아닐까 싶습니다. 미국의 저널리스트 바바라 데믹(Barbara Demick)이 쓴『북한 사람들의 일상(Nothing to Envy)』이라는 책이 있습니다. 이 책은 북한 망명자들에 대한 이야기를 아주 생생하게 다루고 있습니다. 물론 한국어로 훨씬 더 많은 자료가 있을 것이라고 생각합니다만, 이러한 책을 읽음으로써 그들의 삶을 이해하려는 노력을 기울이는 것이 중요하다고 생각합니다. 제가 알고 있는 많은 한국 학생들에게 북한에 대해 질문하면 잘 모른다는 답변을 많이 들었습니다. 여러분도 그런지 알 수 없지만, 북한 사람들의 일상과 그들이 처한 현실이 어떠한지를 알고자 하는 노력이 중요할 것입니다. 제가 독일인이지만 독일에서 일어났던 일에 대해 알고자 노력했던 것과 마찬가지로 말입니다. 인간의 차원에서 내가 얼마나 그들을 이해하고자 노력을 기울이는지가 중요합니다. 이러한 이해의 노력을 멈추지 않고 계속해서 이어나가기를 미래 세대에게 당부 드립니다.

오직 사랑하는 자만이
살아남는다

●●●●●●●●

니자르 알리 바드르 Nizar Ali Badr

● 시리아 조각 예술가
● 『징검다리-어느 난민 가족의 여행』
그림 작가

2021년 9월 19일, 니자르 알리 바드르를 온라인으로 만났습니다. 니자르 알리 바드르는 차가운 조약돌로 가슴 따뜻한 이야기를 만들어내는 시리아 작가입니다. 고향을 잃은 난민의 슬픔을 담고, 인종과 국적을 뛰어넘어 이 들과 함께하는 전 세계적인 연대를 표현하는 작품을 만드는 니자르는 오직 평화와 인류애를 위한 작품 활동을 이어오고 있습니다. 니자르가 영어를 할 수 없어 인디고 서원에서 초대한 적이 있는 시리아 난민 출신의 스웨덴 기자 누어 사이드의 도움을 받아 인터뷰를 진행했는데요. 추석을 이틀 앞 두고 보름달이 차오르는 저녁, 어렵게 연결된 화상 전화에서 니자르가 한 국의 청소년들에게 보여준 인자한 미소와 화면 너머로 보여준 하트 모양의 돌은 세상을 향한 그의 사랑을 느끼게 했습니다.

질문: 안녕하세요. 반갑습니다. 이렇게 만나게 되어 정말 기쁩니다. 시리아에서 작품 활동을 이어오는 일이 결코 쉽지 않을 것 같습니다. 지금까지 해오신 작품들에 어떤 의미가 담겨 있나요?

니자르 알리 바드르: 저 역시 여러분을 만나 정말 행복합니다. 비록 한국은 시리아와 멀리 떨어져 있지만, 여러분과 제가 연결된 것이 우리에게 아주 아름다운 인연의 끈이 있었다는 것을 깨닫게 합니다.

저는 시리아 전쟁이 시작한 2011년부터 시리아의 일상을 담은 작품을 만들어 왔고, 지금까지 2만5천 개 정도의 작품을 만들었습니다. 이 작품들을 돈을 받고 판 적은 없습니다. 저는 오직 평화와 인류애를 위해 작업할 뿐입니다. 그리고 제가 만드는 작품들은 전쟁의 아픔과 집을 떠나야 하는 슬픔을 표현한 것이고, 그런 작품을 만들 때면 눈물이 멈추질 않습니다. 작품을 통해 저는 모든 인간이 가지고 있는 사랑, 절망, 희망, 행복, 기쁨, 슬픔 등을 표현하고 싶었고, 작품을 본 사람들이 저와 같은 감정을 느끼기를 바랐습니다. 전쟁으로 인해 비록 저는 극심한 빈곤과 위험 속에 살고 있지만, 제가 만든 예술적 창조물들이 저에게 있는 한 저는 부유합니다.

질문: 선생님께서는 시리아에서 아픔을 겪고 있는 사람들을 돌멩이로 만든 작품을 통해 표현하십니다. 돌멩이로 작업하시는 특별한 의미가 있을까요? 선생님의 작품에는 어떤 이야기들이 담겨 있나요?

니자르 알리 바드르: 저는 시리아 라타키아라는 곳에 살고 있습니다. 제

가 사는 곳에서 60km 정도 떨어진 곳에 터키와 접경 지역에 위치한 자폰 (Zaphon)산이라고 알려진 제벨 알 아크라(Jebel Al Aqra)라는 곳이 있습니다. 저는 그곳으로 가서 돌멩이를 수집해옵니다. 이곳은 우가리트어(Ugarit) 문헌에 따르면 고대 시리아 문화가 숭배하는 산, 폭풍, 비의 신 '바알(Baal)'이 살고 있는 곳입니다. 동시에 이곳은 가난한 사람들의 땅이기도 합니다. 그래서 저는 이 땅의 조약돌들을 이용해 작품을 만드는 것입니다. 가난한 이들의 땅에 있는 돌멩이만으로도 그들의 슬픔을 느낄 수 있기 때문입니다. 그곳의 돌은 모두 다 다른 모양과 크기, 색깔을 갖고 있는데, 정말 아름답습니다. 제가 정말 사랑하는 곳입니다. 그래서 저는 스스로 작가명을 '제벨 자폰'이라 짓기도 했습니다.

돌멩이를 수집해서 집에 오면 그 돌들로 제가 본 것들을 다시 땅에 옮깁니다. 예전에는 돌멩이를 접착제로 고정했는데, 요즘은 접착제를 살 돈이 없어서 만들고 바로 해체하고 있습니다. 대신 작품을 완성하면 사진을 찍습니다. 더 많은 사람이 작품을 보는 것이 제가 할 수 있는 최선이라고 생각하기 때문입니다. 저의 작품은 물질적으로는 일시적이지만, 영적으로는 영원합니다. 마치 불교의 모래 만다라처럼 말입니다. 불교에서는 정성을 다해 모래 한 알 한 알로 만다라 그림을 만들고 의식을 치르고 난 후 모래들을 강으로 흘려보냅니다. 만다라의 아름다움은 만드는 과정 자체에 있지 고정된 형상에 있는 것이 아니기 때문이고, 그 모래가 세상 곳곳으로 가서 부처님의 축복을 전할 수 있을 것이라 생각하기 때문입니다. 저 역시 그렇게 생각합니다. 삶의 모든 것은 일시적입니다. 그 본질을 깨닫는 것이 중요하다고 생각합니다.

저는 어렸을 때부터 돌멩이로 동물이나 사람의 얼굴을 표현했습니다. 자라면서 돌멩이에 담은 마음을 사람들에게 전하고 싶다는 생각을 하게 되었죠. 돌은 누군가에게 던지고 해치기 위한 것이 아닙니다. 돌은 창조를 위한 것입니다.

돌은 영원히 살고, 영혼을 가지고 있다고 생각합니다. 모두가 그것을 느끼는 것은 아니겠지만, 저는 돌에서 느끼는 감정을 다른 사람들에게 전하는 역할을 하고 있습니다. 자폰산의 돌들은 불의의 사고, 억울한 죽음, 억압에 저항하는 소리를 지르고 있는 것처럼 느껴집니다. 그 소리는 총알보다 더 큽니다. 학살을 중단하라고 요구하는 외침입니다.

질문: 시리아에서는 전쟁이 10년 넘게 이어지고 있습니다. 전 세계에서 가장 많은 난민이 발생한 국가이기도 합니다. 선생님께서 위험한 그곳에서 여전히 살아가며 작업을 하시는 이유는 무엇인가요?

니자르 알리 바드르: 저는 시리아를 사랑합니다. 시리아의 모든 도시가 전쟁으로 살기 어렵다는 것을 여러분도 알 것입니다. 하지만 저는 떠나고 싶지 않습니다. 이곳은 제가 태어난 곳이고, 가장 순수한 땅이라고 생각합니다. 잔혹한 일들이 더 이상 발생하지 않길 바라면서 슬픔과 희망을 담은 작품을 만들고 있습니다. 집을 잃은 사람들, 가족을 잃은 사람들, 갈 곳이 없는 사람들의 모습을 작품에 담았다는 이유로 우파와 좌파 모두에게 비난을 받기도 했습니다. 하지만 저는 어떠한 정치적 입장도 갖고 싶지 않습니다. 저에게 중요한 것은 오직 인간 그 자체입니다.

세상은 마치 시리아를 투우장처럼 생각하는 것 같습니다. 이곳에서 일어나는 일을 그저 바라보며 박수를 치거나 안타까워하지요. 저는 사람들이 보다 자세히 들여다보길 바랍니다. 조금 더 가까이서 보면 사람들의 슬픔이 느껴질 것입니다. 마음이 가까워지면 분명 그 울음소리도 들을 수 있을 것입니다. 가난한

자폰산의 돌로 작업을 하는 니자르 알리 바드르

시리아 사람들이 받는 고통을 감당할 수 있는 사람은 이 세상에 그 누구도 없습니다. 신화 속의 불사조가 잿더미에서 끊임없이 새롭게 다시 태어나듯이, 저는 아름다움이 시리아에서 다시 태어날 것이라고 믿습니다. 불사조는 모든 것을 파괴하는 힘에도 불구하고 다시 한번 날아올라 사랑과 평화를 세상에 퍼뜨립니다. 시리아 사람들도 마찬가지일 거라고 믿습니다.

질문: 평화와 인류애를 위한 작업을 하신다고 말씀하셨습니다. 선생님께서 말씀하시는 인류애는 무엇을 뜻하나요? 우리는 모든 인간을 사랑할 수 있을까요?

니자르 알리 바드르: 저는 국경을 믿지 않습니다. 모든 인간은 형제이자 자매입니다. 그래서 여러분이 저에게 이렇게 연락을 준 것, 제 작품에 관심을 보여준 것이 저에게는 더없이 큰 인류애입니다.

여러분이 저에게 보여준 것처럼 사랑은 자연스러운 감정입니다. 여러분 모두에게 사랑하는 누군가가 있을 것입니다. 저는 그 사랑이 바로 인류애로 이어진다고 생각합니다. 사랑은 아주 강력합니다. 사랑을 막을 수 있는 것은 없지요. 서로 사랑하지 않고 존중하지 않을 때, 인류애는 불가능합니다. 하지만 우리는 이미 사랑하고 있고, 그 사랑이 계속해서 이어지도록 조금 더 서로의 마음을 잘 들여다보아야 합니다.

저는 전쟁을 싫어합니다. 삶을 위협하는 빈곤 역시 싫습니다. 젊은이들에게 이 두 가지를 물려주고 싶지 않습니다. 이 세상에서 더 이상의 전쟁과 빈곤, 그 어떤 종류의 폭력도 용인하지 않기 위해서 우리 모두 힘을 합쳐야 한다고 생각합니다. 여러분도 저와 같은 생각이지 않나요? 저는 이런 단순하고 정직한 마음이 인류애라고 생각합니다. 여러분 마음속에 있는 사랑을 퍼뜨리는 것, 그것이 곧 신의 말씀이라 생각합니다.

저는 시리아 사람들의 일상을 작품에 담고자 애씁니다. 그래서 전쟁으로 고통받는 사람들의 모습도 있지만, 달을 보며 춤을 추거나 새로운 희망을 바라는 사람들의 모습도 있습니다. 죽은 사람의 모습도 있지만, 새롭게 탄생하는 생명의 순간도 있습니다. 전쟁통 속에서도 새롭게 피어나는 꽃이 있고, 아이들이 그네를 타거나 뛰어놀며 행복한 순간을 누리기도 합니다. 저는 이러한 아름다운 삶의 장면들이 지켜지길 바랍니다. 그리고 아픔이 공유되길 바랍니다. 더 많은 사람이 이러한 것들에 공감하기를 진심으로 바랄 뿐입니다.

질문: 코로나19로 전 세계가 어려운 상황에 놓여 있습니다. 예술은 이 비극으로부터 우리를 구할 수 있을까요? 예술의 힘이 무엇이라고 생각하시나요?

니자르 알리 바드르: 저는 2011년부터 지금까지 시리아의 전쟁을 목격하고 있습니다. 사람들이 총과 칼을 들고 서로를 죽이고 있지요. 저는 전쟁이 일어날 때부터 지금까지 오직 돌멩이로만 이 나라를 지키고자 애쓰고 있습니다. 제가 하는 예술은 모든 사람이 할 수 있는 표현의 형태입니다. 가장 단순한 방법이지만, 사람들은 이 작품을 통해 난민의 아픔과 슬픔을 이해할 수 있지요. 예술은 이렇게 메시지를 전하는 일이고, 감정을 전달하는 일입니다. 비록 여러분과 제가 쓰는 언어는 다르지만, 작품을 보면 말이 없어도 소통하고 이해할 수 있는 것처럼 말이지요. 그것이 바로 예술의 힘입니다.

제가 작품을 만들 때 한국에 있는 청소년 여러분에게 연락이 올 것이라고 전혀 기대하지 못했습니다. 그런데 이런 기적 같은 일이 일어나지 않았습니까? 저는 이것이 예술의 힘이라고 생각합니다.

그리고 저의 유전자 속에는 아주 오래전부터 이어져 온 '겸손하고 정직하게, 창조하고 나누라'는 메시지가 새겨져 있습니다. 그 메시지는 행복과 우정, 사랑을 나누는 것입니다. 제 작품을 통해 땅의 조각인 돌이 "인간을 그만 죽여라. 파괴를 멈추어라. 인간성을 경시하지 마라!"고 말한다는 사실을 사람들이 깨닫길 바랍니다. 저는 가장 약한 존재들을 주인공으로 세웁니다. 어린이와 여자, 그리고 힘없이 집을 빼앗긴 가족들입니다. 돌멩이로 만들어진 저의 작품은 그들의 목소리를 대신 내는 행위입니다. 저의 꿈은 서로를 죽이는 전쟁과 살육을 끝내는 것입니다. 예술은 제가 그 꿈을 실현하는 유일한 방법입니다. 작품에 담은 저의 평화와 사랑의 메시지가 부디 더 많은 사람에게 가닿기를 바랍니다.

질문: 마지막으로 대한민국 청소년에게 전하고 싶은 메시지는 무엇인가요?

니자르 알리 바드르: 저는 거짓과 탐욕이 없는 세상을 꿈꿉니다. 그리고 본질적인 삶을 믿습니다. 그래서 젊은 세대인 여러분에게 가면을 쓰지 말고, 거짓 없이, 자유롭게 살라고 말하고 싶습니다. 자유롭게 살고 사랑하며 사세요. 삶의 의미는 바로 여기 있습니다.

모든 아이들은 자유롭게 살아야 합니다. 우리는 곧 이 땅을 떠날 것이고, 잠시 머물 뿐입니다. 그러므로 우리는 진정 자신이 원하는 대로 살아야 합니다. 아이들이 살고 싶은 대로 사는 것이 그들이 태어날 때부터 가진 권리입니다. 시리아와 같이 전쟁이 일어난 것은 그들의 잘못이 아닙니다. 그러므로 아이들의 책임으로 전가하지 않아야 합니다. 어린이와 청소년 여러분 마음속에 있는 아름답고 자유로운 마음이, 모두를 위한 사랑으로 전파될 수 있도록 우리 모두가 함께 노력해야 합니다.

저의 꿈은 전 세계에서 전시회를 개최하는 것입니다. 또 제 작품 모두를 박물관에 기부해서 다음 세대가 볼 수 있도록 하는 것입니다. 혹시라도 전시를 통해 수익이 생긴다면 전쟁으로 인한 피해를 받은 사람들에게 기부할 것입니다. 그 전시회가 한국에서도 열리길 진심으로 바랍니다.

닫는 글

BTS가 2021년 9월 20일(미국 현지 시각) 제76차 UN 총회 특별행사 '지속가능발전목표(SDG, Sustainable Development Goals) 모멘트'에서 연설을 했습니다. 코로나19로 어려움을 겪고 있는 젊은 세대들이 더 이상 '로스트 제너레이션'이 아니라 '웰컴 제너레이션'으로 불려야 할 것이며, 변화에 겁먹지 않고 가능성과 희망을 믿고 앞으로 나아가는 세대가 더 적합한 표현이라는 것입니다. 지속가능한 미래를 위해서 무엇보다 긍정적인 마음으로 위기를 극복하고자 하는 의지를 갖는 것이 중요하다는 의미가 담긴 연설이었습니다.

BTS는 UN 총회 참여 일주일 전, 공식 트위터 계정을 통해 전 세계 젊은이들(young people)에게 코로나19 이후 2년간의 이야기를 들려달라고 요청했습니다. 수백만 개의 트윗이 실시간으로 업로드되었고, 그중 서사가 있는 트윗 1만여 개의 내용을 인디고 서원 청소년·청년 팀원들이 분석해보았습니다. 가장 많이 언급된 키워드는 나를 위한 시간, 자기 극복, 자아 실현을 뜻하는 'Love Myself'였습니다. 이어 '가족, 친구, 우정, 사랑', '일상의 소중함, 여유', '취미,

UN에서 연설하고 있는 BTS

여행, 자연' 관련 내용이 뒤를 이었습니다.

전 세계 젊은이들의 이야기는 모두 달랐지만, 그들은 자기 자신을 사랑하는 방법을 찾고자 노력하고 있었고, 다른 사람과 희망으로 다시 연결할 수 있는 고리를 찾고자 했습니다. 삶의 의미를 잃지 않고자 각자의 길을 나선 청소년들은 "분명 더 나은 세계가 올 것이다"라는 희망의 메시지를 말하고 있었습니다.

BTS가 연설한 행사의 주제인 지속가능발전목표란 UN 총회에서 2015년 9월 25일에 발표한 행동계획으로, 향후 15년 동안 인류와 지구의 지속가능한 발전을 위해 설정한 목표와 세부지침들을 뜻합니다. 지속가능발전목표에서는 모든 인간이 풍요로운 삶을 향유할 수 있고, 자연과 조화 속에 인류 문명의 진보가 이어질 수 있는 것을 '번영'이라고 말하며, 평화로운 방식으로, 전 세계 연대를 기반으로 이루어질 것을 기본 전제로 두고 있습니다.

　지속가능발전목표의 제1 목표는 '모든 곳에서 모든 형태의 빈곤 종식'인데, 그 이유는 이 세상에는 다양한 상황에서 다양한 형태로 빈곤이 있기 때문입니다. 예컨대 UN에서 BTS가 연설하는 장면을 100만 명 이상 생중계로 시청했고, UN 유튜브 공식계정의 영상 조회수는 650만 회가 넘었습니다. 하지만 코로나19로 절대적 빈곤(하루 1.9달러 이하로 생활)에 처하게 된 사람들은 전 세계 7천만 명이라고 하는데, 당장 생사에 대해 걱정해야 하는 어린이와 청소년들이 '웰컴 제너레이션'이 될 수 있을까요? 혹은 전 세계가 함께 모여 지속가능한 내일을 위한 비전을 공유하는 시간에도 다가올 시험 걱정을 하며 공부를 해야 하는 대한민국의 많은 청소년들 역시 스스로를 '웰컴 제너레이션'이라고 생각할 수 있을까요? 경제적, 사회적, 문화적으로 소외되거나 박탈감을 느끼는 경우 역시 빈곤이라고 한다면, 모든 형태의 빈곤 종식을 위해 우리가 살펴야 할 곳은 '나'부터 시작해 세상의 모든 곳이라는 사실을 알 수 있습니다.

　2021년 9월 24일, 전 세계 곳곳에서 '미래를 위한 금요일' 집회가 열렸습니다. 특히, 독일의 경우 베를린에서만 10만 명이, 독일 전역에서는 62만 명이 집회에 참여했다고 합니다. "지금은 기후야, 숙제는 나중에", "우리는 살날이 많이 남았고, 세계가 필요하다", "석탄 대신 자본주의를 불태워라"와 같은 구호를 내세우며, 목표를 세우고 결심을 하는 것으로 충분하지 않고 실질적인 변화를 만들어야만 모두가 살 수 있다고 말했습니다.

　지속가능발전목표와 미래를 위한 금요일 집회에서 가장 많이 언급되는 말은 바로 '모두를 위한 변화'입니다. '모두'라는 말은 소외되고 배제되고 빠지는 존재 없이, 모두를 생각하고 배려하고 고려한 선택을 뜻합니다. 모두를 위하지 않을 때, 시야의 결손으로 인한 부당한 결과와 피해가 결국 우리 모두에게 돌아옵니다. 지금 당장 조금 편리하려고 소비했던 것들이 공기와 물이라는 공동의 영역을 오염시키고 모든 생명을 위협하듯이 말이지요.

우리 모두의 마음에는 이 세상을 더 나은 곳으로 만들고 싶은 의지가 있고, 좀 더 안전하고 행복한 세상을 살고 싶은 욕구가 있습니다. 실제로 '2021 청소년 통계(여성가족부, 통계청)' 자료 중 '사회참여·의식'에 대한 결과를 보면 2020년 초·중·고등학생의 무려 87.3%가 '청소년도 사회문제나 정치문제에 관심을 갖고 의견을 제시하는 등 사회에 참여할 필요가 있다고 생각함'에 그렇다고 답했습니다. 반면 '2020년 청소년 종합실태조사(여성가족부)'에 따르면 14세~19세 청소년들은 '청소년 관련 문제에 대해 참여하거나 의견을 제시함(교칙 제정 등)', '국가 및 지방자치단체의 청소년 정책이나 수립 과정에 참여하거나 의견을 제시함', '인터넷 의견 제시, 집회 참여, 단체 가입 등으로 사회문제에 목소리를 내고 참여함' 3가지 문항 각각 2.3%, 1.6%, 1.9%가 적극적으로 참여한다고 답을 했습니다. 가끔 참여하는 비율을 더하더라도 그 비율이 전체의 15%를 넘지 않는 반면, '전혀 참여하지 않고 있다'의 항목에 그렇다고 답한 비율은 평균 50%가 넘습니다. 사회에 참여해 보다 나은 미래를 만들고 싶은 의지에 비해 실제로 참여하는 비율이 낮은 간극을 뛰어넘는 것. 그것이 바로 희망을 만드는 방법일 것입니다.

수많은 청소년들의 희망과 긍정의 메시지가 있지만, 더욱더 심해지는 가난과 불평등, 전쟁과 테러, 기후위기라는 전 지구적 위기를 개인의 노력만으로 극복하기는 어렵습니다. 그렇기에 공동의 문제를 함께 풀어갈 공론의 장이 오늘날 청소년들에게 꼭 필요합니다. 문제의 근원이 무엇인지 생각하고, 어떤 미래를 함께 만들어갈 것인지, 지속가능한 삶의 양식을 토론하는 과정이야말로 위기를 극복하는 중요한 실천입니다.

닫는 글

'미래를 위한 금요일' 시위에서 연설하고 있는 그레타 툰베리

청소년들의 기후대응 운동을 이끌고 있는 그레타 툰베리는 2021년 9월 28일 이탈리아에서 열린 청소년 기후정상회의에서 "우리는 더 이상 힘 있는 사람들이 정치적으로 가능하거나 안된다고 결정하도록 놔둘 수 없습니다. 희망은 수동적인 것이 아니고, 웅얼거림이 아닙니다. 희망은 진실을 말하고, 행동을 취하는 사람들에게서 나오는 것입니다"라고 말했습니다. 새로운 시대를 열어갈 청소년들이 위기를 두려워하지 않고 맞서 희망을 실천할 수 있어야 합니다. 공감과 연대를 통해 정의롭고 평화로운 사회를 만드는 일은 지금 이 시대를 살아가는 우리에게 가장 중요하고 우선시 되어야 할 목표입니다.